公共管理研究文库

科技型中小企业合作型劳动关系的构建研究

冯小俊 著

北京理工大学出版社
BEIJING INSTITUTE OF TECHNOLOGY PRESS

内 容 简 介

随着创新驱动战略的实施,科技型中小企业成为促进技术创新的重要力量,雇主和雇员构建合作共赢的劳动关系是企业实现可持续发展的基础。

本书运用人力资本产权等理论对科技型中小企业合作型劳动关系的构建进行了理论探讨,通过对部分具有典型性和代表性的科技型中小企业进行深入调查和实证研究,明确了影响雇佣双方合作效果的主要因素,从合作机制和合作行为两方面开展了探索性研究,在政府、企业和员工三个层面提出了科技型中小企业构建合作型劳动关系的对策建议。

本书旨在帮助科技型中小企业改善劳动关系,优化员工所处的从业生态环境,培育企业核心竞争力,使科技型中小企业更好地助力我国经济实现高质量发展。

版权专有　侵权必究

图书在版编目（CIP）数据

科技型中小企业合作型劳动关系的构建研究/冯小俊著. —北京：北京理工大学出版社, 2019.11

ISBN 978 – 7 – 5640 – 5169 – 3

Ⅰ. ①科…　Ⅱ. ①冯…　Ⅲ. ①高技术企业 – 中小企业 – 劳动关系 – 研究 – 中国　Ⅳ. ①F279.244.4

中国版本图书馆 CIP 数据核字（2019）第 285122 号

出版发行 / 北京理工大学出版社有限责任公司

社　　址 / 北京市海淀区中关村南大街 5 号

邮　　编 / 100081

电　　话 / (010) 68914775（总编室）
　　　　　　(010) 82562903（教材售后服务热线）
　　　　　　(010) 68948351（其他图书服务热线）

网　　址 / http://www.bitpress.com.cn

经　　销 / 全国各地新华书店

印　　刷 / 三河市华骏印务包装有限公司

开　　本 / 710 毫米 × 1000 毫米　1/16

印　　张 / 11.25　　　　　　　　　　　　　　　责任编辑 / 梁铜华

字　　数 / 215 千字　　　　　　　　　　　　　　文案编辑 / 时京京

版　　次 / 2019 年 11 月第 1 版　2019 年 11 月第 1 次印刷　　责任校对 / 刘亚男

定　　价 / 54.00 元　　　　　　　　　　　　　　责任印制 / 李志强

图书出现印装质量问题,请拨打售后服务热线,本社负责调换

本书写作得到我国非国有企业薪酬、盈利与吸纳农业劳动力研究——非国有企业管理方式转变与对劳动就业管理基础理论的发展（国家自然科学基金项目，编号71373149）、社会保障学科队伍建设与人才培养（山西省高校重点学科建设项目，晋教研〔2016〕4号）、创新驱动战略下山西科技型中小企业合作型劳动关系的构建研究（山西省哲学社会科学规划课题，晋规办字〔2015〕3号）等项目的学术支持，本书出版得到山西财经大学公共管理一级学科建设经费的资助。

前　言

　　我国经济由高速增长阶段转向高质量发展阶段后，经济发展的动能由传统的资源与要素的粗放式投入转向创新驱动，科技进步和劳动者人力资本素质在经济发展中的作用日益凸显。作为科技创新主体中的一支生力军，科技型中小企业正在成为拉动我国经济增长、扩大社会就业、促进技术创新的重要力量。受外部宏观经济下行压力的影响和企业自身发展面临的资金、技术和管理等因素的制约，目前我国科技型中小企业普遍面临中高层次人才短缺和流失的困扰，企业的研发能力和创新能力难以提升，发展后劲不足。科技型中小企业的经营模式以技术为先导，企业的生存与发展主要取决于企业的创新能力，雇佣的员工主要为智力型劳动者，而科技型中小企业员工目前所处的从业生态环境总体上不容乐观，雇佣双方充分的信任合作关系还未建立，劳动关系有待进一步改善和优化。在劳动关系形态的演变过程中，合作共赢的合作型劳动关系是劳动关系发展的最佳形态。科技型中小企业自身的特性与构建合作型劳动关系所需的条件具有较强的契合性，现阶段科技型中小企业构建合作型劳动关系在理论层面和实践层面均具备一定的基础，因此，合作型劳动关系应该成为科技型中小企业劳动关系形态的目标定位。

　　本书采用规范分析与实证分析相结合、比较分析与历史分析相结合、深度访谈与问卷调查相结合、系统分析与博弈论相结合的研究方法，就科技型中小企业合作型劳动关系的构建进行了深入研究。主要内容包括五个方面：一是科技型中小企业构建合作型劳动关系的理论探析，重点分析科技型中小企业劳动关系的特性以及目标形态定位，并运用人力资本产权理论分析其产权逻辑，提出合作型劳动关系的内容构成；二是通过对北京市、山西省和浙江省38个科技型中小企业的547名员工进行问卷调查，以及对部分员工和企业管理层代表进行深度访谈，从定性和定量的角度对科技型中小企业劳动关系状况进行实证研究，明确影响雇佣双方合作效果的主要因素，对存在问题的深层次原因进行剖析，并将合作机制与合作行为作为本书开展探索研究的重点；三是对科技型中小企业雇佣双方的合作机制，包括合作过程中的共同治理、劳动契约的不完全性及其正负效应，以及信任机制的建立和信任关系的维持等进行了研究；四是对科技型中小企业劳动关系主体合作的动因进行探讨，然后从静态博弈和动态博弈视角对雇佣双方在不同情境下的冲突与合作行为进行深入分析；五是分别从政府、企业和员工三个层面对科技型中小企业合作型劳动关系的构建提出对策和建议。

  本书从经济学的研究视角出发,对科技型中小企业构建合作型劳动关系的目标形态定位及其运行的产权逻辑进行了深入研究;从组织战略层面、人力资源管理职能层面、工作场所实践层面提出了科技型中小企业构建合作型劳动关系的内容构成,并对科技型中小企业劳动关系的现实状况进行量化分析和实证研究。研究结果表明,合作型劳动关系是科技型中小企业理想的目标形态定位,完善的合作机制是构建合作型劳动关系的制度保障,对雇佣双方合作行为的引导是实现合作目标的基本手段。据此,本书从合作机制和合作行为两个方面进行了探索研究,并提出了构建合作型劳动关系的对策和建议。

目　　录

第1章　绪论 ··· 001
  1.1　研究背景 ·· 001
  1.2　研究意义 ·· 003
    1.2.1　理论意义 ··· 003
    1.2.2　实践意义 ··· 003
  1.3　国内外研究综述 ··· 004
    1.3.1　国外研究现状 ·· 004
    1.3.2　国内研究现状 ·· 009
    1.3.3　国内外研究状况述评 ··· 012
  1.4　研究内容与技术路线 ·· 013
    1.4.1　研究内容 ··· 013
    1.4.2　技术路线 ··· 015
  1.5　研究方法 ·· 015
  1.6　本书的创新之处 ··· 016

第2章　基本概念与理论基础 ·· 018
  2.1　劳动关系和科技型中小企业的相关概念 ······························· 018
    2.1.1　劳动关系的相关概念 ··· 018
    2.1.2　科技型中小企业的界定 ·· 020
  2.2　西方劳动关系思想的演进 ·· 022
    2.2.1　早期西方劳动关系思想 ·· 022
    2.2.2　当代西方劳动关系思想 ·· 025
  2.3　合作型劳动关系的内涵与价值理念 ···································· 027
    2.3.1　合作型劳动关系的内涵 ·· 027
    2.3.2　与合作型劳动关系相关概念的辨析 ································· 029
    2.3.3　合作型劳动关系的价值理念 ··· 030
  2.4　合作型劳动关系的理论基础及述评 ···································· 032
    2.4.1　利益相关者理论 ·· 033

2.4.2 人力资本理论 ···································· 034
2.4.3 不完全契约理论 ································ 035
2.4.4 分享经济理论 ···································· 036
2.5 本章小结 ·· 037

第3章 科技型中小企业构建合作型劳动关系的理论探析 ··· 039
3.1 劳动关系形态及其调整模式的演变 ·················· 039
3.1.1 冲突型劳动关系 ································ 039
3.1.2 对峙型劳动关系 ································ 041
3.1.3 协调型劳动关系 ································ 043
3.1.4 合作型劳动关系 ································ 044
3.2 科技型中小企业劳动关系的特性及其目标形态定位 ··· 046
3.2.1 科技型中小企业劳动关系的特性 ············ 046
3.2.2 科技型中小企业劳动关系形态的目标定位 ··· 049
3.3 科技型中小企业构建合作型劳动关系的产权逻辑 ··· 050
3.3.1 人力资本产权的一般特性 ······················ 051
3.3.2 人力资本产权视角下构建合作型劳动关系的理论分析 ··· 053
3.3.3 科技型中小企业构建合作型劳动关系的可行性分析 ··· 054
3.4 科技型中小企业合作型劳动关系的内容构成 ········ 057
3.4.1 组织战略层面的内容 ··························· 057
3.4.2 人力资源管理职能层面的内容 ················ 059
3.4.3 工作场所实践层面的内容 ······················ 060
3.5 本章小结 ·· 062

第4章 科技型中小企业劳动关系状况的实证研究 ········· 063
4.1 调研方案设计 ·· 063
4.1.1 调查目的与内容 ································ 063
4.1.2 调查范围与方式 ································ 064
4.1.3 调查指标设计 ··································· 065
4.1.4 问卷发放与回收 ································ 067
4.2 调研对象的基本情况 ································· 068
4.2.1 样本企业分布 ··································· 068
4.2.2 员工特征分布 ··································· 070
4.3 我国科技型中小企业劳动关系状况的总体分析 ···· 072
4.3.1 我国科技型中小企业劳动关系的现状 ······· 072
4.3.2 我国科技型中小企业劳动关系存在的主要问题 ··· 075

4.3.3 我国科技型中小企业劳动关系存在问题的深层次原因 ………… 078
4.4 我国科技型中小企业劳动关系状况的定量分析 ……………………… 080
    4.4.1 变量选择 ………………………………………………………… 081
    4.4.2 数据处理及统计描述 …………………………………………… 085
    4.4.3 研究假设 ………………………………………………………… 087
    4.4.4 不同解释变量对劳动关系总体满意度的一元回归分析 ……… 087
    4.4.5 所有解释变量对劳动关系总体满意度的多元回归分析 ……… 089
4.5 实证研究结果的进一步讨论 …………………………………………… 091
    4.5.1 完善的合作机制是构建合作型劳动关系的制度保障 ………… 092
    4.5.2 对雇佣双方合作行为的引导是实现合作目标的基本手段 …… 093
4.6 本章小结 ………………………………………………………………… 094

第5章 科技型中小企业劳动关系主体合作机制研究 …………………… 095
5.1 有关劳动与资本关系的不同假说 ……………………………………… 095
    5.1.1 "资本雇佣劳动"假说 ………………………………………… 095
    5.1.2 "劳动雇佣资本"假说 ………………………………………… 097
    5.1.3 劳资共同治理与劳资合作 ……………………………………… 098
5.2 科技型中小企业劳动契约的不完全性对合作的效应研究 …………… 100
    5.2.1 科技型中小企业劳动契约的不完全性 ………………………… 100
    5.2.2 劳动契约不完全性对合作的正向效应 ………………………… 101
    5.2.3 劳动契约不完全性对合作的负向效应 ………………………… 104
5.3 科技型中小企业信任机制的建立与信任关系的维持 ………………… 107
    5.3.1 信任的内涵及作用 ……………………………………………… 107
    5.3.2 科技型中小企业信任机制的建立 ……………………………… 108
    5.3.3 声誉效应及其信任关系的维持 ………………………………… 110
5.4 本章小结 ………………………………………………………………… 112

第6章 科技型中小企业劳动关系主体合作行为研究 …………………… 113
6.1 科技型中小企业劳动关系主体合作的动因 …………………………… 113
    6.1.1 帕累托改进的基本内涵 ………………………………………… 113
    6.1.2 基于帕累托改进的科技型中小企业劳动关系主体
          合作的动因 ……………………………………………………… 114
6.2 科技型中小企业劳动关系主体的博弈分析 …………………………… 116
    6.2.1 静态博弈下雇佣双方的冲突行为分析 ………………………… 117
    6.2.2 动态博弈下雇佣双方的合作行为分析 ………………………… 120

  6.2.3 工资与雇佣量存在替代关系下雇佣双方的

    合作区间分析 ·· 125

 6.3 科技型中小企业劳动关系主体的行为选择 ··················· 129

  6.3.1 雇佣双方的冲突行为 ·· 130

  6.3.2 雇佣双方的合作行为 ·· 131

  6.3.3 雇佣双方行为的整合 ·· 131

 6.4 本章小结 ·· 132

第 7 章 科技型中小企业构建合作型劳动关系的对策建议 ········ 133

 7.1 政府层面的对策建议 ·· 133

  7.1.1 制定有利于科技型中小企业健康发展的经济政策 ······ 133

  7.1.2 充分利用大数据技术，提高劳动力市场信息化水平 ··· 135

  7.1.3 完善劳动法律法规，提高法律和政策的执行力 ········ 136

  7.1.4 树立正确的价值导向，增强政府服务意识 ·············· 137

 7.2 企业层面的对策建议 ·· 138

  7.2.1 以组织文化为引领，完善企业治理结构 ················· 138

  7.2.2 以"共享"为基本原则，完善企业收益分配制度 ······ 138

  7.2.3 注重员工培训与职业生涯发展，挖掘员工合作潜能 ··· 139

  7.2.4 加强团队建设，提高团队运行效率 ······················ 140

 7.3 员工层面的对策建议 ·· 141

  7.3.1 加强工会建设，充分发挥工会职能 ······················ 141

  7.3.2 提高雇员合作意识，增强合作的主动性 ················· 142

 7.4 本章小结 ·· 142

第 8 章 研究结论与展望 ··· 143

 8.1 研究结论 ·· 143

  8.1.1 合作型劳动关系是科技型中小企业劳动关系形态

    的目标定位 ·· 143

  8.1.2 人力资本产权是科技型中小企业构建合作型劳动

    关系的重要基础 ·· 144

  8.1.3 科技型中小企业构建合作型劳动关系需从不同层面

    整合雇佣双方的利益 ·· 144

  8.1.4 合作机制和合作行为是构建合作型劳动关系的制度

    保障和基本手段 ·· 144

  8.1.5 科技型中小企业劳动关系主体需要建立相互信任的机制 ··· 145

  8.1.6 科技型中小企业劳动关系主体面临合作和冲突两种
     不同的行为选择 ·· 145
  8.1.7 科技型中小企业构建合作型劳动关系需要劳、资、
     政三方联动 ·· 146
 8.2 研究局限与展望 ··· 146
  8.2.1 研究局限 ··· 146
  8.2.2 研究展望 ··· 147
参考文献 ··· 149
附录 A：科技型中小企业劳动关系状况调查问卷 ··················· 156
附录 B：科技型中小企业劳动关系状况访谈提纲 ··················· 162
后 记 ··· 164

第1章
绪　　论

1.1　研究背景

随着我国经济由高速增长阶段转向高质量发展阶段，经济发展的动能由传统的资源与要素的粗放式投入转向创新驱动。在创新驱动发展战略和新旧动能转换的牵引与推动下，经济发展更多地依靠科技进步和劳动者人力资本素质的提升。驱动经济发展的创新来自多个方面，包括科技创新、制度创新、管理创新、服务创新、商业模式创新和业态创新等，其中，科技创新是关系经济发展全局的核心。科技型企业作为科技创新的主体，对拉动经济增长、改善经济结构、转变经济发展方式、促进就业以及实现经济结构转型升级起到了重要的引领和推动作用。以科技型企业为主导的高技术产业已成为推动我国国民经济发展的先导性产业、重要的支柱产业和新的经济增长引擎。从2000年到2015年，我国高技术产业增加值年均增长率为22.42%，2015年高技术产业增加值已达34 027.56亿元；高技术产业从业人数年均增长率高达8.9%，2013年从业人数达1 294万；从高技术增加值占世界的比重看，2000年为3.16%，2015年升至29.08%，比2000年提高了25.92个百分点，中国已超越美国，成为世界高技术第一大国。[①]

作为科技创新主体中的一支生力军，科技型中小企业近些年呈现出良好的发展态势，尤其是"大众创业、万众创新"战略的实施，为我国科技型中小企业的进一步发展提供了较为广阔的空间。科技型中小企业正在成为推动我国经济增长、转变经济发展方式、扩大社会就业、促进技术创新的重要力量，也为高新技术产业的发展提供了重要的孵化功能。随着科技型中小企业数量的不断增多，就业人口大量增加，企业劳动关系问题日益成为社会关注的热点。与劳动密集型企业和资本密集型企业相比，科技型企业的经营模式以技术为先导，企业的生存与发展主要取决于企业的创新能力，雇佣的员工主要为智力型劳动者。随着知识和

---

① 胡鞍钢，任皓. 中国高技术产业如何赶超美国［J］. 中国科学院院刊，2016，31（12）：1355-1365.

技术在科技型中小企业的作用日益凸显，在劳资双方的博弈中，传统的雇主—雇员关系发生了变化，雇主的主导地位受到挑战，一些关键的员工和团队在劳动关系中可能会逐渐处于主导地位，因而与其他类型的企业相比，科技型中小企业劳动关系问题表现出明显的特性。①

从当前我国科技型中小企业发展面临的困境看，除了资金和财税政策，劳动关系问题也成为影响企业健康发展的重要瓶颈。决定科技型中小企业生存与发展的关键要素在于人力资本价值含量较高的创新型人才所提供的创造性劳动，但是受外部宏观经济下行压力的影响和企业自身发展面临的资金、技术和管理等因素的制约，目前科技型中小企业普遍面临中高层次人才短缺和流失的困扰。由于缺乏有实力和稳定的研发团队，企业的研发能力受到严重削弱，创新能力难以提升，新型的科技产品和服务开发速度缓慢，发展后劲不足。

目前，我国大多数科技型中小企业为民营企业，劳动关系管理的观念和模式相对滞后，管理理念和方法大多缺乏前瞻性和创新性。面对知识型和创新型员工，科技型中小企业往往没有充分考虑他们的多元化需求，对由知识和技术的变革而导致的劳动关系的新变化缺乏敏锐的把握，对人力资本产权的认识还比较模糊，从而导致企业发展所需要建立的雇佣双方合作关系缺乏坚实的制度基础，雇佣双方之间存在一定的显性和隐性的对立与冲突。受短期经济利益的驱动，目前多数科技型中小企业没有建立起现代人力资源管理的系统模式，对处在企业关键地位的核心员工，即从事研发、设计和销售等关键业务的知识型员工，普遍缺乏关注，稳定的工作团队难以形成，团队的优势和价值没有得到充分发挥。员工的工作时间普遍较长，工作强度和工作压力较大，雇佣双方缺乏充分的沟通和协调，薪酬福利等待遇，尤其是对企业剩余的控制权和索取权，没有充分体现员工的价值创造。这些现实状况表明，科技型中小企业员工所处的从业生态环境不容乐观，还有待进一步优化。

劳动关系形态包括冲突型、对峙型、协调型和合作型四种，其演变过程始终伴随着社会生产方式、雇佣双方力量对比以及政治和法律的发展变化。科技型中小企业劳动关系的特性决定了合作型劳动关系是一种理想的劳动关系目标形态。而我国科技型中小企业劳动关系的现实状况则表明，现阶段雇佣双方总体上处于非合作博弈状态。由雇佣双方没有建立充分的信任关系、双方信息的不对称而引发的机会主义行为，会导致雇佣双方在利益实现过程中两败俱伤。那么，科技型中小企业合作型劳动关系构建的产权基础是什么？劳动契约的不完全性对雇佣双方的合作有何影响？雇佣双方合作所需的信任机制该如何建立？如何通过对雇佣双方合作行为的引导实现合作博弈的目标？本书以科技型中小企业合作型劳动关系的构建为研究对象，试图从理论和实践层面对以上问题作出科学回答。

---

① 聂磊. 科技型中小企业劳动关系存在的问题及对策 [J]. 科技进步与对策，2008（7）：46-48.

1.2 研究意义

1.2.1 理论意义

研究科技型中小企业合作型劳动关系的构建，有助于丰富和发展劳动关系理论。

劳动关系研究涉及经济学、管理学、社会学和法学等多个学科，过去众多学者选择了不同的学科和研究视角，对劳动关系问题进行了大量研究并取得了较为丰硕的成果。本书以经济学为基本研究视角，侧重采用经济学的基本理论和研究范式，适当吸收管理学、社会学和法学等领域的研究成果，结合科技型中小企业的特性，对合作型劳动关系运行的内在机理从理论上进行深入分析，为科技型中小企业合作型劳动关系的构建提供坚实的理论基础，同时为其他行业劳动关系调节模式的变革提供理论指导。

本书针对合作型劳动关系运行的基本要求，注重经济学理论在劳动关系研究中的现实应用，将利益相关者理论、人力资本产权理论、博弈论、不完全契约理论、分享经济理论等经济学经典理论作为研究的理论铺垫，对合作型劳动关系的内涵与价值理念、构建合作型劳动关系所需的产权基础、劳动关系主体的合作行为以及所需的合作机制等进行深入研究，为科技型中小企业合作型劳动关系的构建提供充分的理论支撑。

1.2.2 实践意义

第一，研究科技型中小企业合作型劳动关系的构建，是实现社会和谐与创新驱动发展战略目标的迫切需要。劳动关系本质上是一种经济利益关系，实现劳资双方利益的相互协调，促进劳动关系的和谐稳定是实现社会和谐的基石，2015年4月发布的《中共中央国务院关于构建和谐劳动关系的意见》，就新形势下构建和谐劳动关系，推动科学发展和促进社会和谐作出了战略指导和总体部署。同时，我国经济发展步入新常态，创新成为驱动经济增长的新引擎。在此背景下，对以创新型人才为核心的科技型中小企业的劳动关系问题进行研究，正契合现阶段我国经济社会发展的目标和要求，有利于化解雇佣双方的利益矛盾和冲突，实现利益相容与社会和谐，也有利于推动我国经济发展方式的根本性转变。

第二，科技型中小企业劳动关系问题具有鲜明的特性，对其劳动关系问题的研究，对所涉及行业合作型劳动关系的构建具有重要的现实指导意义。科技型中小企业涉及电子与信息、生物与医药、新能源与新材料、资源与环境、高技术服务业等众多行业，并且范围在随着经济发展而不断更新与扩大，知识型员工是这些企业核心竞争力的来源和载体，具有稀缺性和难以替代性，他们所拥有的知识和技术力量对传统上处于强势地位的资本发起了挑战，在劳资博弈中占据的优势逐渐显现。同时，由于企业内部人力资本存量不同，处于较低层次的员工在劳资博弈中的地位没有发生根本变化，因而科技型中小企业内部劳动关系呈现出明显的分层化特征。因此，对科技型中小企业劳动关系问题进行研究，有利于促进企业内部雇佣双方权利和利益的相互平衡，对双方在合作过程中可能发生的道德风险进行有效规制，实现合作共赢的目标。

1.3 国内外研究综述

1.3.1 国外研究现状

（1）关于合作型劳动关系的研究

国外关于合作型劳动关系的研究起步较早，不同的学者从多个视角进行了比较系统的研究。目前，有关合作型劳动关系的研究主要聚焦于以下几个方面。

一是对合作关系内涵的研究。关于合作型劳动关系的内涵，国外学术界尚未达成一致意见，目前具有代表性的观点主要包含以下几个学者的表述。Chamberlain 和 Kuhn（1966）将劳资合作定义为劳资双方拥有共同利益，通过劳资联合委员会开展以问题和生产率为导向的谈判，提高雇员工作和生活质量，采取利润分享等措施，提高劳资双方的绩效，满足劳资双方各自的利益关切。[1] Kochan 和 Osterman（1994）认为，合作关系是通过整合雇主和雇员的利益，增强雇员在组织内部的集体话语权。组织应围绕如何构建"互利企业"，在战略层、职能层和实践层三个层次有所作为：在战略层面，组织不仅仅应该关注成本，而且应更加重视创新和质量，并且让高层管理者支持雇佣双方的合作行为；在职能层面，组织应该采取权变的薪酬体系，保持雇员薪酬的稳固性；在工作场所实践层面，组织应该鼓励雇员参与、以团队形式开展工作、营造充满合作和信任的工作场所氛围。[2] Guest 和 Peccei（2001）将合作关系视为一种联合行动的形式，以促进管理

---

[1] Chamberlain, Kuhn. Collective bargaining [J]. Industrial and Labor Relations Review, 1966, 19 (2): 303.

[2] Kochan T, Osterman P. Mutual gains bargaining [M]. Boston: Harvard Business School Press, 1994.

者和雇员之间开展合作，其原则包括"重视雇员权利和福利""在现在和未来善待雇员""雇员有独立的代表"等，具体实践包括雇员参与组织决策过程、组织与雇员实行信息共享，以及为雇员提供工作保障等。① Budd（2004）认为，作为一种人性化劳动关系，劳资合作的目标是实现效率、公平和发言权三者之间的相互平衡，其中，效率和公平是传统标准，而发言权则强调企业通过员工参与计划以及构建高绩效工作系统，不断增强企业市场竞争力，并显著提高员工的工作生活质量。②

在劳动关系研究中，工会是影响劳资关系的一个重要变量，在有关合作关系内涵的界定中，对于合作关系的建立是否需要发挥工会的作用，目前在国外学术界存在两种不同的观点。Badigannavar 和 Kelly（2005）从六个方面提出了在无工会背景下劳资伙伴关系应遵循的原则，包括对雇员工作生活质量给予关注、为雇员提供充分的信息、塑造高信任的工作氛围、组织为雇员提供安全承诺、雇员对企业成功的承诺以及雇佣双方实现互利共赢等。③ Johnstone（2009）④，Geary 和 Trif（2011）⑤ 则将关注点放在有正式工会参与的组织上，作为组织治理和变革的一种方式，在雇佣双方的合作实践中，组织应允许工会代表参与重要决策的制定，以促进雇主、工会和雇员相互合作，提升雇员的工作生活质量，对于组织而言，工会的存在是非常必要的，如果以无工会组织作为研究假设，最终很可能得出虚假的结论。

二是关于合作型劳动关系测量的研究。为了对企业层面劳动关系主体的合作状况进行测量，部分学者开发了劳动关系氛围量表，从多个维度对劳资合作状况进行量化评价。Dastmalchian（1986）从合作、相互尊重、冷漠、共同参与、信任/公平、敌对六个维度开发了劳动关系氛围量表。经过实证检验，最终得出了劳动关系氛围的五个维度，分别是和谐、冷漠、敌对、开放和即时性。⑥ 在此基础上，后来的部分学者采用员工参与氛围测量企业层面的劳动关系状况，Riordan（2005）开发的员工参与氛围量表，分别从参与决策制定、培训、信息分享、绩

---

① Guest D E, Peccei R. Partnership at work: Mutuality and the balance of advantage [J]. British Journal of Industrial Relations, 2001, 39 (2): 207 – 236.

② Budd J W. Employment with a human face: Balancing efficiency, equity, and voice [M]. New York: Cornell University Press, 2004.

③ Badigannavar V, Kelly J. Labor – management partnership in the non – union retail sector [J]. The International Journal of Human Resource Management, 2005, 16 (8): 1529 – 1544.

④ Johnstone S, Ackers P, Wilkinson A. The British partnership phenomenon: A ten year review [J]. Human Resource Management Journal, 2009, 19 (3): 260 – 279.

⑤ Geary J, Trif A. Workplace partnership and the balance of advantage: A critical case analysis [J]. British Journal of Industrial Relations, 2011, 49 (S1): 11 – 69.

⑥ Dastmalchian A, Adamson R, Blyton P. Developing a measure of industrial relations climate [J]. Relations Industrielles, 1986, 41 (4): 851 – 859.

效工资四个维度对员工参与氛围进行测量。① Schreurs（2013）等认为，员工参与的氛围应该包括决策制定氛围和信息分享氛围两个维度。② Deery 和 Iverson（2005）开发了合作型劳动关系氛围量表，用于对企业层面劳动关系的合作程度进行测量，具体包括工会的代表角色、管理者对工会和员工的态度、员工作为组织参与者的信念和行为三个方面。③

三是合作型劳动关系影响因素的研究。劳动关系始终在一定的经济、政治、文化和制度环境中运行，目前国外学者对这一问题的研究主要从合作型劳动关系运行的微观环境这一视角进行分析。Cooke（1990）从企业绩效改进的视角提出了劳资合作模型，认为劳资合作的强度取决于合作结构、公司和工会的相对力量、组织约束三个因素，劳资合作强度与劳动关系变化二者形成作用与反作用的关系。④ Adler 和 Bigoness（1992）认为，雇佣双方相互合作是真正合适的劳资关系模式，为实现这一目标，对工会组织、工会中公平性代表的义务、劳资谈判、员工参与计划四个问题必须予以关注并着力解决。⑤ Deery 和 Iverson（2005）的研究表明，工会对集体协商的意愿、组织公正、管理方对与工会共享信息的意愿等因素与雇佣双方的合作呈正相关关系。Lee（2009）通过研究韩国企业劳资伙伴关系和劳动关系质量之间的关系，得出了管理方确保工作安全、公平报酬、信息分享、员工参与管理、培训投资等因素都对劳动关系质量具有正面影响的结论，且工作安全、公平报酬和培训投资三个因素对劳动关系质量的影响较大，而信息分享和员工参与管理的影响相对较小。⑥

四是基于实现互利目标的合作方式的研究。由于学科视角不同，雇佣双方合作方式关注的侧重点也有所差别，目前国外学术界对这一问题分别从经济学、行为学和争端解决三个视角进行了研究。经济学视角的研究者认为，降低交易成本，可以使合作伙伴实现互利。关于降低交易成本的措施，Aoki（1990）认为，降低组织内部管理活动产生的交易成本，使 20 世纪 90 年代日本和德国企业在应用合作伙伴关系方面取得了成功，其主要途径包括：设计有助于降低雇员道德风

---

① Riordan C M, Vandenberg R J, Richardson H A. Employee involvement climate and organizational effectiveness [J]. Human Resource Management, 2005, 44 (4): 471–488.

② Schreurs B, Guenter H, Schumacher D, et al. Pay – level satisfaction and employee outcomes: The moderating effect of employee – involvement climate [J]. Human Resource Management, 2013, 52 (3): 399–421.

③ Deery S J, Iverson R D. Labor – management cooperation: Antecedents and impact on organizational performance [J]. Industrial and Labor Relations Review, 2005, 58 (4): 588–609.

④ Cooke W N, Meyer D G. Structural and market predictors of corporate labor relations strategies [J]. Industrial and Labor Relations Review, 1990, 43 (2): 280–293.

⑤ Adler R S, Bigoness W J. Contemporary ethical issues in labor – management relations [J]. Journal of Business Ethics, 1992, 11 (5): 351–360.

⑥ Lee J, Lee D R. Labor – management partnership at Korean firms [J]. Personnel Review, 2009, 38 (4): 432–452.

险的激励措施;梳理组织结构和流程,促进信息共享,提升信息处理效率;设计以解决组织中的矛盾为主要内容的谈判系统。① 行为学视角则将关注的重点放在合作关系的实现过程上,McKersie 和 Walton(1992)将合作和互利视为参与各方共同协商的结果,认为平衡雇员和雇主利益的主要方式就在于各方共同协商。企业在作出影响双方利益的重大决策时,组织应该与雇员代表(如工会)协商,以平衡利益关系并确保分享收益。② 争端解决视角认为,合作关系实践能够帮助组织及时解决工作场所发生的争端,通过营造良好的劳动氛围,使雇主和雇员都能成为受益群体。Meyer 和 Allen(1991)提出,如果雇佣双方冲突频繁,他们之间的情感承诺会随之降低,导致双方处于相互对立的状态,在此过程中,若工会能够与资方合作,可以为会员争取更多利益,从而使雇佣双方相互获得更多承诺。③ Bradley 和 Gelb(1987)认为,劳资双方在合作过程中如果发生争议,必然要求劳资双方作出妥协和让步,由于传统上劳方处于弱势地位,被雇主解雇的风险较大,因此管理方必须做出协调劳动关系特别是减少临时解雇的承诺,通过合作消除劳资之间产生冲突的根源。④

五是关于合作实践对雇佣双方获益情况的研究。这方面的研究主要涉及雇主和雇员在合作过程中利益关系的探讨,目前主要包含三种观点。第一种是互利观点,认为所有参与者均能从合作关系中获益。前文提到的 Johnstone(2009)、Kochan 和 Osterman(1994)、Cooke(1990)及 Guest 和 Peccei(2001)等均持此观点。该观点认为,雇主和雇员之间有着共同的目标、利益和责任,合作过程中双方均会实施利他行为,从而将整体利益蛋糕做大,实现互利。通过合作关系实践,可以促使利益在各方平等、和谐地流动,给组织和雇员带来双赢。第二种是限制性互利观点,认为绝对对等的互利是不存在的。⑤ 按照此观点,在外部环境压力下,雇主如何进行决策决定了雇员能否从中获益。作为雇主,增加雇员责任和提高雇员生产力往往是采用合作关系实践的首要目的,增加雇员福利或话语权则居其次,因此最终的收益分配结果实际上会倾向于雇主,由此导致双方的合作关系难以持久。第三种是消极假设观点。这种观点秉持零和博弈思想,认为雇员仅仅是组织获取资源的一种途径,雇佣关系中雇主和雇员的权力是不平衡的,受

---

① Aoki M. Toward an economic model of the Japanese firm [J]. Journal of Economic Literature, 1990, 28(1): 1-27.

② McKersie R, Walton R. A retrospective on the behavioral theory of labor negotiations: The genesis of the project [J]. Journal of Organizational Behavior, 1992, 13 (3): 277-285.

③ Meyer J P, Allen N J. A three-component conceptualization of organizational commitment [J]. Human Resource Management Review, 1991, 1 (1): 61-89.

④ Bradley K, Gelb A. Cooperative labor relations: Mondragon's response torecession [J]. British Journal of Industrial Relations, 1987, 25 (1): 77-97.

⑤ Roche W K. Who gains from workplace partnerships? [J]. International Journal of Human Resource Management, 2009, 20 (1): 1-33.

雇主短期绩效导向思想的影响，雇佣双方的合作关系不可能长久，雇员或工会不可能从合作实践中真正获益。Ackers 和 Payne（1998）[1]、Sullivan 和 Skelcher（2002）[2]，以及 Kelly（2004）[3] 等持这种观点。

（2）关于技术进步与创新对劳动关系影响的研究

本书将合作型劳动关系的研究定位于科技型中小企业，而技术进步与创新是科技型中小企业的生存之本，技术进步会对传统的劳动形态造成冲击，进而影响雇佣双方关系的力量对比与合作方式。关于技术进步与创新对劳动关系的影响，国外学者已经进行了一定的研究。Dankbaar（1989）首先从理论上构建了一个技术变化与劳动关系变化的分析框架，指出技术变化有可能，但并不必然会导致劳动关系系统的结构变化，并用汽车工业的数据对此进行了验证。[4] Chaykowski（2002）以加拿大金属采矿业的发展为例，说明技术进步已经并将继续改变企业生产系统，改变就业状况、工作场所和劳动关系状况，是塑造新型劳动关系的决定性因素。在此基础上，分析了技术进步如何改变工会与管理方的关系，怎样调整工会的角色，指出工会是新型劳动关系的重要组成部分。[5] Taras 和 Bennett（2002）指出，技术进步对劳动关系产生了正反两方面的影响：一方面，技术进步改善了企业工艺，促进了企业生产效率和竞争力的提高；另一方面，技术进步加剧了员工之间的竞争，使劳动者在工作中迷失自我，降低了实际收入，工人并没有从中获益。[6] Antonioli 等（2011）提出将企业技术创新、劳动关系和工作产出三个变量结合起来考察的思路。他们把从意大利北部两个地方生产系统中的企业工作产出、创新活动和劳动关系的数据集中分析，发现企业劳动关系和企业创新活动对工作产出具有较好的解释力，同时指出合作型劳动关系对企业创新活动同样具有积极作用。[7]

---

[1] Ackers P, Payne J. British trade unions and social partnership: Rhetoric, reality and strategy [J]. International Journal of Human Resource Management, 1998, 9 (3): 529-550.

[2] Sullivan H, Skelcher C. Working across boundaries: Collaboration in public services [M]. England: Palgrave, 2002.

[3] Kelly J. Social partnership agreements in Britain: Labor cooperation and compliance [J]. Industrial Relations, 2004, 43 (1): 267-292.

[4] Dankbaar B. Technical change and industrial relations: Theoretical reflections on changes in the automobile industry [J]. Economic and Industrial Democracy, 1989, 10 (1): 99-121.

[5] Chaykowski R P. Re-inventing production systems and industrial relations: Technology-driven tranformation in the Canadian Metal-Mining Industry [J]. Journal of Labor Research, 2002, 23 (4): 591-612.

[6] Taras D G, Bennett J T. Technological change industrial relations [J]. Journey of labor research, 2002, 23 (3): 335-338.

[7] Antonioli D, Mazzanti M, Pini P. Innovation, industrial relations and employee outcomes: Evidence from Italy [J]. Journal of Economic Studies, 2011: 66-90.

1.3.2 国内研究现状

(1) 关于合作型劳动关系的研究

相比国外有关合作型劳动关系问题的研究，国内在这一问题上的研究起步较晚，研究成果相对较少。现有研究主要从社会层面分析中国转型时期劳动关系发生的变化，以及劳资冲突产生的原因，并探讨中国情境下劳动关系的治理模式。对于微观层面合作型劳动关系的构建，现有研究主要集中在以下几个方面。

一是关于合作型劳动关系内涵与劳资合作动因的研究。这方面的研究主要从劳动关系主体实现共赢的目标出发，就雇佣双方的合作行为或合作过程进行界定。李贵卿和陈维政（2008）从劳动关系形态的视角指出了合作型劳动关系的内涵，认为合作型劳动关系形成的基础是工会与管理方之间建立相互信任的关系，彼此尊重对方。在比较和借鉴国外经验的基础上，分析了我国企业形成合作型劳动关系应具备的基本条件，即给予员工在组织决策中较高的参与度，通过制度化的措施确保员工能够从企业的长期竞争成功中得到一定的利益，使他们有与资方进行合作的动力，这样才有助于合作型劳动关系的形成。① 吕景春（2009）的研究表明，劳动关系和谐只能是劳资合作所产生的一种可能性结果，而劳资双方利益的帕累托改进则是双方能够产生合作的基本动因，在分析劳资双方的行为偏好基础上，对劳资合作博弈过程中劳资双方如何实现利益的帕累托改进及其合作边界进行了探讨。② 赵卫红等（2015）通过综合国外关于合作型劳动关系内涵的研究，认为合作型劳动关系是基于劳动关系主体互利共赢的指导思想与价值理念，将信任氛围、组织公平、信息与利润分享、沟通决策等管理实践活动作为支持条件，通过员工参与实现合作的最终目标。③

二是构建合作型劳动关系所需制度基础的研究。目前关于合作型劳动关系所需制度基础的研究，国内学术界重点从人力资本产权的视角进行分析。姚先国（2004）认为，劳动契约的重复作用、不完全性和社会交换机会的特性，要求激励机制设计必须保持报酬、委托权和工作程序的相互平衡。职工持股共同治理模式下的分享制能够保护人力资本产权的剩余权利，减少劳资双方的道德

---

① 李贵卿，陈维政. 合作型劳动关系的理论演进及其对我国的启示 [J]. 当代财经，2008（6）：54-59.
② 吕景春. 论劳资合作博弈中利益的帕累托改进——基于"和谐劳动关系"的分析视角 [J]. 经济学家，2009（4）：16-22.
③ 赵卫红，张立富，张义明. 合作型劳动关系的研究进展与启示 [J]. 中国人力资源开发，2015（16）：92-99.

风险,从而降低劳动契约的不完全性,增强隐性契约的自我强制实施能力。① 罗宁(2010)认为,针对我国转型期"强资本,弱劳工"的劳资关系格局,应该建立劳资权利相对平等的双产权制度、劳资力量相对平衡的双组织制度以及多方协调机制,通过合作博弈,实现劳资双方平等对话与相互合作,促进劳资关系和谐发展。② 张秋惠和于桂兰(2009)从人力资本理论出发,将企业理解为物质资本所有者和人力资本所有者的产权交易契约,并提出了由物质资本产权和人力资本产权组成的"双产权制度"理论,为社会主义市场经济条件下合作型劳动关系的建立奠定了产权理论基础。③ 崔驰(2009)指出,劳动关系是保证企业核心竞争力的一个重要组成部分,企业的优势之一就是劳资双方之间因某种共同目标进行长期合作而产生的一种依存关系,只有在平等、和谐、合作的前提下,这种依存关系所导致的成本才可能低于市场交易成本。企业权威(拥有着剩余控制权)不能占有所有的企业剩余,进行了一部分人力资本专用性投资的雇员也应该得到一部分企业剩余,从而降低市场交易所引发的成本。④ 李俊华(2015)从人力资本视角分析了知识经济社会我国劳动关系的重构,认为人力资本作为劳动者的重要资源禀赋并参与财富创造过程,应该与物力资本同等参与企业利润的分配,共享经济发展成果,从而塑造一种新的劳动关系。⑤ 陈微波(2016)基于人力资本特征变化的视角,分析了共享经济背景下劳动关系模式中人力资本特征的变化,包括人力资本所有者与物质资本所有者的关系趋于平等,人力资本专用性趋于下降,人力资本收益得到提升,以及人力资本作用空间得到拓展等几个方面,基于此得出了预测结论,即共享经济背景下合作型劳动关系模式将占据主导地位。⑥

三是劳动关系治理模式的研究。对于合作型劳动关系的治理模式与实现途径,国内学者主张应基于我国劳动关系运行的现实环境,从政府、社会、工会和企业等多个层面采取措施,形成多层次的劳动关系治理框架体系。吕景春(2007)以西方"合作主义"思想及其基本特征的研究为切入点,探讨了合作主义或合作主义因素下的劳动关系治理模式,就是要改变、调整劳动关系主体各方权利安排的不平衡状态,寻找劳资双方之间的"合作因素",进而在劳资

---

① 姚先国,郭东杰. 改制企业劳动关系的实证分析 [J]. 管理世界,2004 (5):97 - 107.
② 罗宁. 中国转型期劳资关系冲突与合作研究——基于合作博弈的比较制度分析 [M]. 北京:经济科学出版社,2010.
③ 张秋惠,于桂兰. 劳资关系的产权理论演化研究 [J]. 南京农业大学学报(社会科学版),2010,10 (2):47 - 53.
④ 崔驰. 现代市场经济条件下中国合作型劳动关系研究 [M]. 北京:经济科学出版社,2013.
⑤ 李俊华. 从人力资本视角看我国劳动关系的重构 [J]. 江西社会科学,2015,35 (12):188 - 193.
⑥ 陈微波. 共享经济背景下劳动关系模式的发展演变——基于人力资本特征变化的视角 [J]. 现代经济探讨,2016 (9):35 - 39.

双方之间形成相对稳定的利益均衡的局面。同时，允许非政府组织或民间机构介入劳动关系治理领域，形成在劳动关系的各个层次上，尤其是在中、微观层次上"多方治理"的新型格局。① 李贵卿和陈维政（2008）提出了合作型劳动关系的实现途径，企业必须进行实物与人力资本投资，并为员工提供薪酬、就业保障和劳动条件；员工对组织要有忠诚感，并不断进行创新和提高工作效率；工会在企业经营生产活动过程中注意平衡双方的利益和关系，确保员工不断提高劳动生产效率，并监督企业履行契约义务。② 杨俊青（2013）就民营企业的劳资合作问题提出，企业须转变人力资源管理战略，学会利用以工资为主要内容的薪酬体系、激励劳动者积极性的领导艺术，实施"人本管理"下的"新的劳动密集型"管理战略，实现企业、劳动者与社会发展的合作共赢。③ 郭志刚和何飞（2014）指出，劳资关系本质上是一种共同体关系，冲突与合作是不同治理模式下的表现形式。从共同体理论出发，劳资双方之间的合作应从文化、政治、管理、经济四个方面入手，构建共同体下层次清晰、权责明确的劳资关系治理框架。④

（2）关于科技型企业劳动关系的研究

面对创新驱动战略下科技型企业的快速发展，近些年国内部分学者开始关注科技进步对劳动关系产生的新变化，探讨劳动关系治理的新模式，并取得了一定的研究成果。聂磊（2008）指出，科技型企业的核心业务是创新活动，创新带有不同程度的不确定性和风险性，这就决定了科技型中小企业劳动关系的特殊性。在科技型中小企业的雇主—雇员关系中，雇主的主导地位受到严重挑战，员工地位不断提升，一些关键的员工或团队可能处于主导地位。因此，在劳动关系制度安排中必须为雇员从事创新活动提供公平合理的报酬，并加强对创新成果知识产权的管理，实现企业和员工的共赢。⑤ 朱飞（2009）对高科技企业的雇佣关系进行研究，认为这类企业存在员工组织承诺下降，核心员工维系难度提升以及核心技术培养、保留与积累困难增加等问题。⑥ 常玲和赵泽洪（2010）认为，高科技企业的劳动关系中，传统的雇主与雇员关系发生了变化，权益分配关系出现新的特点，由过去单纯的薪酬制度，发展为薪酬制度加知识产权利益分配，雇员的主

---

① 吕景春. 和谐劳动关系的"合作因素"及其实现机制——基于"合作主义"的视角 [J]. 南京社会科学，2007（9）：31-41.

② 李贵卿，陈维政. 合作型劳动关系的理论演进及其对我国的启示 [J]. 当代财经，2008（6）：54-59.

③ 杨俊青. 民营企业劳资合作共赢的战略模型——以富士康为例 [J]. 经济与管理研究，2013（6）：76-82.

④ 郭志刚，何飞. 劳资关系共同体模式分析 [J]. 经济体制改革，2014（2）：112-116.

⑤ 聂磊. 科技型中小企业劳动关系存在的问题及对策 [J]. 科技进步与对策，2008（7）：46-48.

⑥ 朱飞. 高科技企业雇佣关系策略研究——基于可雇佣性的雇佣关系策略模型 [M]. 北京：企业管理出版社，2009.

体地位得到了提高。① 王双龙和周海华（2012）认为，高科技企业员工雇佣期的缩短影响了雇佣关系中的权力均衡，基于库克提出的劳资合作理论，企业可以通过非标准劳动关系、劳动契约内容的完备与激励以及工作生活质量等人力资源管理途径有效地响应雇佣特征变化所带来的挑战。② 崔艳（2014）分析了IT企业劳动关系的特性，包括技术引发的企业内部劳动关系的分层化、企业弹性雇佣策略与员工的低认同感并存、不确定性环境下劳动关系的灵活化和复杂化并存等，在此基础上对IT企业劳动关系各方主体的目标和行为进行了分析，并提出了和谐劳动关系的目标模式。③

1.3.3 国内外研究状况述评

前述研究现状表明，围绕合作型劳动关系问题，国内外学者进行了较为深入的研究，取得不少有价值的研究成果。国外关于合作型劳动关系的理论研究与实践历史较长，不同的学者按照不同视角进行了较为系统的研究，为合作型劳动关系的运行与治理提供了必要的理论指导，一定程度上推动了西方国家劳资关系由资本主义早期的以冲突和对抗为主转向当今以缓和与合作为主，促进了经济增长和社会稳定。近年来，国外学术界开始关注技术进步和创新对劳动关系的影响等问题，契合了全球经济和社会发展的现实状况，为探索当今时代背景下劳动关系的治理提供了有益借鉴。

由于计划经济时代中国劳动关系问题呈现出隐性化的特征，国内对劳动关系问题的关注历史较短。随着国有企业改革的推进以及多种所有制企业的发展，劳动关系主体的利益不断分化，中国劳动关系问题也日益复杂化，和谐劳动关系的构建成为经济和社会发展的重要目标。近年来，国内学术界开始关注合作型劳动关系问题，并侧重从制度基础和治理模式进行了较为系统的研究，为我国企业实现劳资之间的和谐共处与合作共赢提供了理论指导。此外，针对科技型企业劳动关系问题的特性，一些专家和学者也进行了研究和探讨，对我国在新常态下实现创新驱动发展战略具有重要的现实意义。

虽然合作型劳动关系领域取得了不少有价值的研究成果，但是现有研究尚存在一定的局限性，这些局限性也是今后劳动关系学术领域需要研究的重点。

第一，关于科技进步与技术创新对劳动关系影响的研究存在一定的不足。当今社会受科技进步与技术创新的影响，传统的劳动形态正发生革命性变化，雇主

---

① 常玲，赵泽洪. 高科技企业劳动关系的冲突与协调［J］. 科技管理研究，2010（23）：140-142+146.

② 王双龙，周海华. 高科技企业的雇佣特征、劳资冲突及人力资源管理策略［J］. 管理现代化，2012（1）：27-29.

③ 崔艳. IT企业劳动关系及其和谐目标模式研究［M］. 北京：中国劳动社会保障出版社，2014.

与雇员之间的合作关系对双方互利共赢目标的实现尤为重要，因此需要重新审视传统企业的劳动关系形态及其调整模式，建立基于相互信任的新型合作型劳动关系。但当前缺乏对科技进步与技术创新所导致的劳动形态及劳动关系变化的系统与深入研究，有关科技型企业劳动关系的研究成果数量较少，且创新性明显不足，针对性不强。由于理论研究相对滞后，缺乏对劳动关系变化的敏锐把握，导致现有理论对劳动关系管理实践难以提供及时和有效的指导，影响了企业人才队伍的稳定和创造力的发挥，制约了企业的发展和市场竞争力的提高。

第二，关于科技型中小企业劳动关系的实证研究有待进一步加强。在现有研究中，关于民营企业、中小企业和 IT 企业劳动关系问题的实证研究均取得了一定进展，但有关科技型中小企业劳动关系问题的实证研究还基本处于空白状态。与规模较大和实力较强的高新技术企业以及其他类型的企业相比，科技型中小企业的劳动关系问题有其自身的特殊性。实证研究的欠缺，使得难以对影响科技型中小企业合作型劳动关系构建的相关因素进行深入分析与探讨，从而不利于雇佣双方合作关系的真正建立。

第三，关于合作型劳动关系运行的研究存在一定的欠缺。合作型劳动关系的运行需要对劳动关系运行的制度环境进行深入探讨，对劳动关系主体之间的行为进行系统性分析，对双方的冲突行为进行化解，对合作行为予以巩固和维持，通过对双方行为的整合，促进合作伙伴关系的建立。但现有成果缺乏对雇佣双方行为关系的研究，没有对雇佣双方合作的动因以及影响双方合作的因素进行系统分析，对雇佣双方信任机制的建立和信任关系的维持没有进行深入研究，从而影响了雇佣双方合作的层次、效率以及合作行为的持久性。

基于现有研究已经取得的成果及存在的不足，本书将科技型中小企业合作型劳动关系的构建作为研究主题，在已有理论铺垫的基础上，对科技型中小企业构建合作型劳动关系的问题从理论上进行深入分析；在调查研究基础上，对科技型中小企业劳动关系的现实状况进行实证研究，并对雇佣双方合作过程中的合作机制和合作行为进行探索研究，从而为科技型中小企业合作型劳动关系的构建提出科学的对策建议，从理论和实践层面弥补现有研究成果存在的不足之处。

1.4 研究内容与技术路线

1.4.1 研究内容

依据选定的研究主题，本书的研究内容包括以下几个方面。

一是科技型中小企业构建合作型劳动关系的理论探析。从劳动关系形态及其调整模式的演变出发，阐述合作型劳动关系与其他形态劳动关系的区别。通过分析科技型中小企业劳动关系的特性，结合构建合作型劳动关系所需的条件，明确将合作型劳动关系作为科技型中小企业劳动关系形态的目标定位，并运用人力资本产权理论，分析其产权逻辑和可行性，最后分别从组织战略层面、人力资源管理职能层面和工作场所实践层面提出科技型中小企业合作型劳动关系的内容构成。

二是科技型中小企业劳动关系状况的实证研究。依据科技型中小企业合作型劳动关系的内容构成，通过问卷调查和深度访谈，对我国科技型中小企业劳动关系的现实状况从定性和定量的角度进行深入分析，明确影响雇佣双方合作效果的主要因素，并对存在问题的深层次原因从宏观和微观层面进行剖析。通过理论探讨和实证分析，对科技型中小企业构建合作型劳动关系的主要障碍予以明确，并以此作为本书进行探索性研究的依据。

三是科技型中小企业劳动关系主体合作机制研究。通过对劳动与资本关系的分析，明确在雇佣双方合作过程中劳资共同治理的重要性。由于工作性质和工作方式的特殊性，雇主和雇员为确立和维护双方关系而达成的契约具有不完全性，契约不完全性所带来的灵活性有利于雇佣双方合作空间的拓展与合作效率的提升，同时，契约不完全性也容易诱发雇佣双方的机会主义行为，造成两败俱伤的后果。通过信任机制的建立以及基于声誉效应的信任关系的维持，可以减少机会主义行为的发生，维护雇佣双方的合作行为。

四是科技型中小企业劳动关系主体的合作行为研究。基于帕累托改进的基本原理，对科技型中小企业劳动关系主体合作的动因进行分析，明确雇佣双方合作的边界。在此基础上，分别从静态博弈和动态博弈视角对雇佣双方在不同情境下的冲突与合作行为进行分析，通过整合雇佣双方的行为，有效引导双方的合作行为，化解冲突行为，促进合作目标的最终实现。

五是科技型中小企业构建合作型劳动关系的对策建议。基于理论分析、实证研究和探索研究的结果，为了促进科技型中小企业劳动关系的改善和优化，结合科技型中小企业所处的宏观和微观环境，分别从政府和社会层面、企业层面、工会和员工层面就雇佣双方合作关系的建立提出对策和建议。

以上研究内容试图回答这几个问题：科技型中小企业构建合作型劳动关系的理论依据和内容是什么？科技型中小企业劳动关系的现实状况如何？如何通过建立有效的机制促进雇佣双方合作行为的实施？如何通过行为的整合化解雇佣双方的冲突行为，引导双方的合作行为？应该采用什么样的对策促进科技型中小企业雇佣双方合作关系的建立？这五个方面的研究内容分别对应本书的第3章、第4章、第5章、第6章、第7章。

1.4.2 技术路线

基于上述研究内容，本书研究的总体构思体现在研究的技术路线上，如图 1.1 所示。

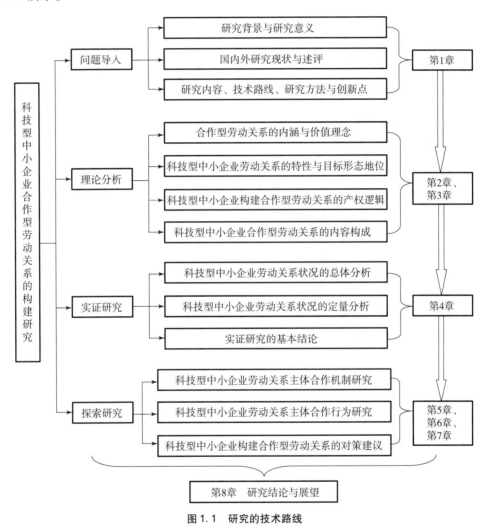

图 1.1 研究的技术路线

1.5 研究方法

劳动关系问题的研究涉及众多学科，为了对科技型中小企业劳动关系问题从理论和实证角度进行深入剖析，本书采用的研究方法主要包括以下几种。

第一，规范分析与实证分析相结合的方法。通过规范分析方法，对合作型劳动关系的价值理念、科技型中小企业构建合作型劳动关系的产权基础、雇佣双方合作过程中面临的机会主义行为等进行分析、评价与判断；通过实证分析方法，就雇佣双方合作的总体满意度与影响因素之间的关系进行回归分析，从而明确影响科技型中小企业合作型劳动关系构建的关键因素。

第二，深度访谈与问卷调查相结合的方法。通过与企业领导层和员工代表进行深度访谈，对科技型中小企业劳动关系面临的现实状况进行全面梳理，并对其原因进行深度分析；通过设计调查问卷并采用抽样的方式对部分代表性员工进行问卷调查，对影响雇佣双方合作效果的相关因素进行数据收集与分析，深入剖析影响因素与合作效果之间的相互关系。

第三，比较分析与历史分析相结合的方法。通过对西方合作型劳动关系的研究进行系统的文献梳理和比较分析，全面了解国外劳动关系领域研究的新进展，分析国内外合作型劳动关系研究存在的差异，借鉴国外在构建合作型劳动关系方面的有益经验；通过对劳动关系形态及其调整模式的演变过程进行系统回顾和梳理，分析不同劳动关系形态对应的经济发展阶段及其主要特征，并据此确定科技型中小企业劳动关系目标模式的定位。

第四，系统分析与博弈论相结合的方法。本书将科技型中小企业置于经济新常态和创新驱动发展战略的宏观背景下，在研究过程中注重从宏观经济环境、生产和技术环境、劳动力市场环境以及企业微观环境等方面分析其对构建合作型劳动关系的影响；利用博弈论的研究方法，分别从静态和动态视角对雇佣双方在不同情境下的冲突与合作行为进行分析与探讨。

1.6　本书的创新之处

通过对科技型中小企业劳动关系问题进行深入分析，本书的创新之处主要包括以下三点。

第一，研究视角上的创新。本书从经济学的研究视角出发，利用人力资本产权理论和博弈论等经典经济学理论，结合科技型中小企业自身的特性，深入分析创新驱动战略背景下科技型中小企业构建合作型劳动关系的目标定位及其运行的内在机理，为新经济背景下其他类型企业合作型劳动关系的构建与运行提供重要的理论支撑。

第二，研究内容上的创新。本书结合合作型劳动关系已有的研究成果和科技型中小企业的特点，分别从组织战略层面、人力资源管理职能层面、工作场所实践层面提出科技型中小企业构建合作型劳动关系的内容构成；并通过问卷调查，对科技型中小企业劳动关系的现实状况进行量化分析和实证研究，明确影响雇佣双方合作效果的关键因素,并将合作机制和合作行为作为提升合作效果的重要突破口。

第三,研究思路上的创新。在合作机制的研究中,本书以资本和劳动关系的分析为切入点,明确合作型劳动关系的构建需要将二者放到相对平等的地位上,在企业层面形成劳资共同治理的结构模式。通过对现阶段科技型中小企业劳动契约的不完全性进行分析,为雇佣双方拓展合作空间和提升合作效率,以及抑制合作过程中的机会主义行为提供理论依据。最后将信任机制的建立作为维系雇佣双方合作关系的基本纽带,就处在不同发展阶段科技型中小企业信任机制的建立进行分析,并将公平公正的制度作为信任的基本保障。

第 2 章
基本概念与理论基础

为了完整准确地界定本书的研究对象，本章将对与劳动关系相关的概念进行区分，明确概念之间的相互联系和区别，并明确本书在概念使用过程中的侧重点。同时由于科技型中小企业涉及的范围较广，为了在后续研究中有明确指向，需要对科技型中小企业的含义与范围进行准确界定。在此基础上，本章将对西方劳动关系思想的演进进行系统梳理，详细阐述有关合作型劳动关系的内涵与价值理念，对构建合作型劳动关系所需的理论基础进行分析与述评。

2.1　劳动关系和科技型中小企业的相关概念

2.1.1　劳动关系的相关概念[①]

在不同国家和地区的不同体制下，根据不同的社会制度和价值取向，劳动关系在发展演变过程中有着不同的称谓，如劳资关系、雇佣关系、劳工关系、劳使关系、员工关系和产业关系等。这些不同的称谓从不同视角对劳动关系的性质和特点进行了描述，其含义和内容有着各自的侧重点。

劳资关系（Labor - Capital Relations）是最传统的称谓，是市场经济条件下使用最广泛的一个概念，主要体现私有制企业中雇佣工人和雇主的关系，这一关系既包括雇员和雇主的关系，也包括工会与雇主和雇主团体的关系。其特点是突出劳资之间作为不同主体在相互关系上的区别，传统上，劳资关系具有鲜明的阶级关系性质和某种对抗的含义。

雇佣关系（Employment Relations）强调的是雇主和受雇者之间形成的权利和义务关系。在这一关系中，主要是以就业关系为中心而形成的个别劳动关系，一

[①]　这里所涉及的相关概念主要参考了常凯（2005）和程延园（2004）对劳动关系相关概念的界定。具体可参见：常凯. 劳动关系学 [M]. 北京：中国劳动社会保障出版社，2005：9－12.；程延园. 集体谈判制度研究 [M]. 北京：中国人民大学出版社，2004：15.

般不包括集体劳动关系。

劳工关系（Labor Relations）这一概念强调劳动关系是以劳工为核心的关系，突出劳工特别是劳工团体在劳动关系中的地位，更注重集体劳动关系。同时比较注重工会和雇主之间的互动过程，尤其是集体谈判的过程。

劳使关系（Labor-Management Relations）这一概念起源于日本。传统劳资关系的概念具有对抗意味，而劳使关系强调用一种温和、中性的名词对劳资关系进行替代，注重强调劳动者和劳动力使用者之间的关系，并且主要指集体性劳动关系。

员工关系（Employee Relations）这一概念与雇佣关系相近，但它的外延更宽，除了雇主和雇员之间的就业关系，还涉及就业后的企业管理关系。它是从人力资源管理角度提出的一个概念，其出发点是企业内部的管理关系，强调雇佣双方的相互合作，注重个体层次上关系的形成与维护。

产业关系（Industrial Relations）是指以社会化大生产为基本特征的工业生产过程中的劳动关系，用以区分前资本主义劳动关系，包括狭义和广义两种。狭义就是指劳资关系，即劳动者及工会与雇主之间的关系；广义则指产业及社区中管理者与受雇者之间的所有关系，包括雇佣关系的所有层面，以及相关的机构、经济和社会环境等。就主体而言，这一关系不仅包括劳方和资方，而且还包括政府一方，即所谓的三方关系。

总体看，上述概念中的劳资关系、劳工关系和劳使关系强调劳方和资方力量的相互平衡，而劳资力量的平衡又促使集体劳动关系的形成，因此，集体劳动关系成为这三个概念关注的重点；雇佣关系和员工关系则更多从管理方出发，注重个别劳动关系的调整；产业关系则是一个宏观的、社会层面的概念，相当于社会劳动关系。这些概念的提出一定程度上伴随着国家和地区经济和政治体制的变迁，并带有部分意识形态色彩。

相比较而言，劳动关系是一个较为宽泛、适应性较强和比较中性化的概念。目前国内学者对于劳动关系的内涵，主要是从劳动过程中具有经济利益关联的主体之间形成的相互关系这一视角进行理解的。如程延园（2002）指出，劳动关系是指管理方和劳动者个人及团体之间产生的，由双方利益引起的，表现为合作、冲突、力量和权力关系的总和，它受制于一定社会中经济、技术、政策、法律制度和社会文化的影响。劳动关系的本质是劳资双方合作和冲突、力量和权利的相互交织。[①] 常凯（2005）认为，劳动关系通常是指生产关系中直接与劳动有关的那部分社会关系，是劳动者与劳动力使用者以及相关组织为实现劳动过程所构成的社会经济关系。[②] 郭庆松（2001）认为，企业劳动关系就是劳

---

① 程延园. 劳动关系 [M]. 北京：中国人民大学出版社，2002.
② 常凯. 劳动关系学 [M]. 北京：中国劳动社会保障出版社，2005.

动力使用者或雇主与企业领导者或雇员之间的一种社会经济利益关系。① 总体看,我国学者对劳动关系内涵的理解在本质上是一致的,均认为劳动关系的性质是一种社会经济关系,劳动关系的基本主体是劳动力和劳动力使用者。这一表述可以避免由于所有制不同,以及从某种经济利益或政治立场出发而引起的概念理解上的差异。

基于上述原因,并参照我国的习惯用法,本书侧重使用劳动关系的概念,但是在涉及一般劳动关系理论时,也会使用劳资关系的概念。需要指出的是,本书研究合作型劳动关系,一个基本前提是将雇主和雇员置于相互平等的地位,通过整合双方的利益诉求,经过双方充分合作后实现利益最大化。加之科技型中小企业的员工在知识、技术和创新等要素上表现出较高的价值含量,因此本书所谈的劳动关系,与前面提到的雇佣关系和员工关系的内涵更为接近。书中涉及科技型中小企业劳动关系主体时,侧重使用雇主和雇员的概念进行表述。

2.1.2　科技型中小企业的界定

(1) 中小企业的界定

中小企业这一概念是相对于大型企业和小微企业而提出的。世界各国在界定中小企业时,所使用的划分标准也有所不同,常用的指标包括从业人员数、资本额和营业收入,具体使用时或者采用其中一个,或者几个相互结合使用,且对于不同行业,划分标准也有所差异。目前,日本、美国和德国中小企业划分标准如表2.1所示。

表2.1　日本、美国和德国中小企业划分标准

国家	行业分类	从业人员	营业收入
日本	制造业	300人以下	3亿日元以下
	服务业	100人以下	5 000万日元以下
美国	制造业	500人以下	600万美元以下
	服务业	100人以下	600万美元以下
德国	制造业	500人以下	1亿欧元以下
	服务业	50人以下	200万欧元以下

我国现行中小企业标准界定的依据主要是工业和信息化部、国家发展和改革委员会、国家统计局、财政部于2011年出台的《中小企业划型标准规定》,规定

---

① 郭庆松. 企业劳动关系管理[M]. 天津:南开大学出版社,2001.

将中小企业划分为中型、小型和微型三种类型，根据16个不同行业的特点，分别从企业从业人员、营业收入、资产总额等方面制定了具体标准。如工业领域的中小企业要求从业人员为1 000人以下，且年营业收入在4亿元以下；软件和信息技术服务业的中小企业要求从业人员为300人以下，且年营业收入在1亿元以下。

（2）科技型企业的界定

依据原国家科委在《关于科技企业若干界限问题的说明》（国科改字〔1993〕038号）中对科技型企业的界定，科技型企业的定义为："科技型企业又称科技开发企业，是以技术开发、技术转让、技术咨询、技术服务和科技产品的研究、开发、生产和经营为主要业务的企业，但不包括单纯经销科技产品的组织。"我国部分学者将科技型企业等同于高技术企业，如陆立军、盛世豪等（2002）认为，科技型企业或高技术企业是指那些研发、生产、销售高新技术产品或大量使用高技术方法或工具的企业，它与一般企业不同的本质特点是在生产销售产品或提供劳务的过程中使用新型科学知识的比例比较高。管晓永和孙伯灿（2006）从理论与实践角度提出了科技型企业的定义，即理论上科技型企业生产经营的基础是科研与开发，实践上可以提炼四项指标界定科技型企业，分别是研发机构、研发人员、研发投入和研发成果。[①] 总体看，我国目前对科技型企业的界定还缺乏明确具体的标准，但是以科技研发人才为主体，以技术创新为发展动力，产品技术含量高是科技型企业的基本特征。

（3）科技型中小企业的界定

根据2017年《科技部、财政部、国家税务总局关于印发〈科技型中小企业评价办法〉的通知》（国科发政〔2017〕115号），科技型中小企业是指依托一定数量的科技人员从事科学技术研究开发活动，取得自主知识产权并将其转化为高新技术产品或服务，从而实现可持续发展的中小企业。科技型中小企业须同时满足以下条件：一是在中国境内注册的居民企业；二是职工总数不超过500人、年销售收入不超过2亿元、资产总额不超过2亿元；三是企业提供的产品和服务不属于国家规定的禁止、限制和淘汰类；四是企业在填报上一年及当年内未发生重大安全、重大质量事故和严重环境违法、科研严重失信行为，且企业未列入经营异常名录和严重违法失信企业名单；五是企业根据科技型中小企业评价指标进行综合评价所得分值不低于60分（满分100分），且科技人员指标得分不得为0分。这里的评价指标具体包括科技人员（满分20分）、研发投入（满分50分）、科技成果（满分30分）三类，每个指标均有具体的评价标准和对应的分值。

从科技型中小企业的定义及认定标准看，科技型中小企业应该具有四个特

---

① 管晓永，孙伯灿. 中小企业信用理论与评价研究［M］. 杭州：浙江大学出版社，2006：47－49.

点：一是企业的科研人员比例高，创新能力强，能够在易变和不确定的环境中发挥个人灵感和才能，推动技术进步和产品创新，不断更新产品和服务；二是产品的科技含量高，产品开发主要依靠科技人员的知识、智力和才能，企业需要投入大量的人力、物力和财力，持续推动在专业领域开展研发设计的攻关；三是高收益与高风险并存，由于产品的技术含量高，附加价值大，如果经营成功，产品和服务能够及时满足市场需求，会取得较高的经济收益，同时，由于技术更新快，产品创新与市场需求面临诸多不确定性，企业也会承担较大的风险；四是高成长性，如果企业掌握高新技术，且技术异质性强，难以替代和模仿，会形成核心竞争优势，一旦产品得到市场认可，可以在较短时间内实现快速成长。

参照现行科技型中小企业的认定标准，本书对科技型中小企业的界定主要考虑以下几点：从人员规模和学历要求上讲，企业从业人员不超过 500 人，其中具有大学本科学历的科技人员占 10% 以上；从技术要求上讲，企业要具有较强的技术创新能力，主导产品有较高的技术含量，且拥有自主知识产权；从研发经费上讲，企业每年用于技术开发的经费不低于全年销售额的 3%。

2.2 西方劳动关系思想的演进

2.2.1 早期西方劳动关系思想

国外关于劳动关系问题的研究始于以亚当·斯密为代表的古典经济学派，之后又经卡尔·马克思、韦伯夫妇、埃米尔·迪尔凯姆、约翰·康芒斯等学者的研究，形成了较为成熟的早期劳动关系理论。

(1) 亚当·斯密的劳动关系思想

亚当·斯密（Adam Smith，1723—1790）首次提出了劳动分工理论，他认为，在文明社会虽然实行分工，但却没有平等的分工，劳动所有权是其他所有权的主要基础，所以，这种所有权是最神圣不可侵犯的。据此，斯密第一次系统地论述了劳动价值论的基本原理。他指出，劳动是衡量一切商品交换价值的真实尺度，任何一个物品的真实价格，即要取得这物品实际上所付出的代价，乃是获得它的辛苦和麻烦。尽管斯密在之后的研究中又指出，无论在什么社会，商品价格归根到底都可分解为三个部分或其中之一，工资、利润和地租不仅成为一切收入的源泉，而且是一切可交换价值的三个根本源泉。这使得其劳动价值理论前后矛盾，但仍然在一定程度上比较科学地回答了什么样的劳动决定了价值这个劳动价值论的根本命题。

亚当·斯密还具体论述了劳资双方存在的冲突和合作。他指出,劳资双方的利害关系绝不一致。劳动者盼望多得,雇主盼望少给。劳动者都想为提高工资而结合,雇主却想为降低工资而结合,但在市场机制的作用下劳动力供求均衡决定了工资水平。[①] 关于劳资关系的调节机制,斯密认为依靠市场这只"看不见的手",通过自由竞争可以实现社会的公平分配,达到劳资共赢。政府的作用主要是建立司法机构、维持法制,过分的干预则有害无益。最后,在分析劳资公平问题上,斯密强调,改善社会最大部分成员的境遇,对社会全体成员是有利的。有大部分成员陷于贫困,绝不能说是繁荣幸福的社会。而且,供给社会全体以衣食住的人,在自身劳动生产物中,分享一部分,使自己得到过得去的衣食住条件,才算是公正。

(2) 卡尔·马克思的劳动关系思想

进入19世纪之后,工业革命对资本主义劳资关系的发展产生了极为重要的影响。为了榨取更多剩余价值,资本家对工人采取了最原始、最残酷的剥削方式,工人成了机器的附属品,双方陷入了尖锐的对立与矛盾。在此背景下,卡尔·马克思(Karl Marx,1818—1883)将资本和劳动的关系作为其政治经济学研究的核心内容,提出了以阶级斗争学说为核心观点的劳资关系理论。在这个过程中,他以劳动异化为研究的逻辑起点,通过分析剩余价值的来源、资本的本质以及劳动对资本隶属形式的转化,推断出资本主义社会日益分裂为两大对立的阶级,从而建立起逻辑严密的劳资关系理论体系。

马克思指出,劳动力是一种特殊的商品,其特殊性就在于它能够通过劳动创造价值,并且能够创造出大于其自身价值的价值。一旦资本家通过交换获得劳动力的使用价值,便离开了流通领域进入生产领域,此时,劳动力就完全归资本家支配,即资本占有了劳动。资本家通过对劳动力的消费(劳动过程),创造出大于劳动力自身的价值以及剩余价值,并无偿占有由劳动所创造的剩余产品,形成对劳动的剥削。由此可以看出,资本主义劳动在形式上是自由交换的雇佣劳动,实质上仍然是强制性劳动,工人表面上摆脱了封建社会的人身依附关系,实际上仍然受到资本的间接控制。资本作为剩余劳动的榨取者和劳动力的剥削者,在精力、贪婪和效率方面,远远超过了以往一切以直接强制劳动为基础的生产制度。因此,马克思劳资关系理论认为,资本主义劳资关系表现为一种建立在私有制基础上的阶级利益关系,其实质就是资本对劳动的强制与剥削,由此决定了劳资之间必然是一种对立和对抗的关系。

---

① 亚当·斯密. 国民财富的性质和原因的研究(上卷)[M]. 郭大力,王亚南,译. 北京:商务印书馆,2008:60-134.

(3) 韦伯夫妇的劳动关系思想

1897 年，韦伯夫妇（Sidney Webb, 1859—1947；Beatrice Potter Webb, 1858—1943）提出产业民主理论，该理论认为劳资冲突不是只有通过阶级斗争的方式才能解决，它可以通过雇主和雇员所拥有的交涉权力的均衡，即发展产业内的民主加以化解。① 韦伯夫妇将产业民主分为两个层次，一是微观产业民主，即劳动者参与企业的内部管理；二是宏观产业民主，即劳动者通过工会等组织参与国家社会经济政策的制定。在此基础上，他们主张通过集体的交涉活动化解劳资冲突，实现劳工运动的目标。韦伯夫妇的产业民主理论在多数西方国家发挥了巨大的理论效应，由他们所倡导的产业民主以及"集体交涉"思想演变而成的社会改良以及社会整合思潮已成为当代欧洲劳工运动的主流思想。

(4) 埃米尔·迪尔凯姆的劳动关系思想

埃米尔·迪尔凯姆（Emile Durkheim, 1858—1917）认为，工人运动与阶级斗争是前工业社会向工业社会过渡的过程中，由于被迫进行劳动分工以及原"无机整体"瓦解的一种表现或病症。在前工业社会中，由于分工简单以及人与人之间差别不大，形成了一种一致性的集体意识，这种集体意识是"无机整体"社会结构形成的重要条件。然而随着工业化的推进，劳动分工日渐复杂，一致性的"无机整体"被迫瓦解，人与人的差别也逐渐明显，阶级冲突开始显现。但这仅仅是工业化过渡期的现象，一旦减少了外部不公平，"无机整体"又会被劳资分工合作所形成的"有机整体"所取代。同时，迪尔凯姆十分重视职业群体与职业协会的作用，认为它们为个人提供了社会认同的来源与道德准则，是个人与集体以及社会之间的联系纽带。迪尔凯姆从工业化进程以及劳动分工的视角分析劳资冲突，并提出要依靠群体力量解决冲突，对现今社会劳资关系的协调有重要参考意义。

(5) 约翰·康芒斯的劳动关系思想

约翰·康芒斯（John Commons, 1862—1945）是劳动力制度学派早期的代表人物，他主要从制度角度来研究工会，强调集体行动在控制个体行动方面起的作用。他认为，工会是工人联合起来的一种特殊力量，美国工会本质上并非具有阶级意识，而是具有同雇主阶级既分离又相合作的意识。康芒斯主张通过制定相关制度来治理劳资关系问题，他认为改善劳动关系可以从三个方面进行：一是工会的集体谈判，集体谈判可以在工资及其他劳动条件的决定中平衡劳资双方的力

---

① 黑启明. 论近代西方劳动关系理论发展的历史轨迹 [J]. 河南大学学报（社会科学版），2006 (2)：54-59.

量，还可以弥补市场因外部性、公共产品、不完全信息带来的缺陷；① 二是强调法律的作用，康芒斯主张"法律先于经济"，提倡两类基本的劳动法律，一类为劳工保护立法，用于建立劳动力市场上的最低标准，包括最低工资、最长工时、禁止使用童工、进行移民限制等，另一类为社会保险立法，例如失业保险、工伤补偿、养老保险等，这些社会保险项目可以为劳动者提供工作保障；三是进行组织改革并提高管理水平。在康芒斯看来，应通过提高劳动力市场工资、工作保障和各种福利待遇，实行以人为本的监督，通过工厂委员会或员工代表倾听员工的声音等与劳动者合作的方式，来实现更高的效率和更多的利润。

2.2.2 当代西方劳动关系思想

进入20世纪后，随着世界劳动关系趋于多元化与复杂化，劳动关系的研究逐渐渗入组织行为学、管理学、制度经济学等领域。按其观点在政治趋向上由"保守"到"激进"，我国学者将当代西方国家的劳动关系研究划分为五大学派。

（1）新保守派

新保守派也称新古典学派，该学派强调市场规律对劳资关系的调节作用，认为市场力量不仅能使企业实现利润最大化目标，也能保证雇员得到公平、合理的待遇。新保守派认为，劳资关系是具有经济理性的劳资双方平等、自由的交换关系，资方追求利润最大化，劳方追求合理的待遇以及良好的工作环境。尽管双方目标和利益不同，但在劳动力市场资源配置作用下，经过双方长期、重复的交易，双方力量趋向均衡：雇主采取利益激励性的分配方式促使雇员努力工作，雇员则根据其能力、努力程度以及技术水平获得相应待遇，双方均会履行各自的权利与义务，实现生产效率最大化。②

在对待工会问题上，新保守派认为工会在劳资关系调节中的作用有限，甚至会因阻碍劳动力自由流动、干扰雇主与雇员的直接联系而破坏劳动力市场的平衡，导致工会在削弱雇主力量的同时，也降低了其对雇员工作保障的能力，形成"双亏"局面。因此，该学派主张国家劳动政策与法规应当使工人难以组织工会或限制已有工会的权力。③ 新保守派的重视市场对劳资关系的调节作用有一定的道理，但在过分夸大市场作用的同时，却忽视了市场中劳动力与资本两种要素不

---

① Bruce E. Kaufman. Government regulation of the employment relationship [M]. New York：Cornell University Press，1997：34-35.

② Godard J. Industrial relations, the economy, and society [M]. 2nd edition. North York：Captus Press Inc，2000：13-15.

③ 程延园. 当代西方劳动关系研究学派及其观点评述 [J]. 教学与研究，2003（3）：57-62.

平等的经济地位。

(2) 管理学派

管理学派主要由组织行为学与人力资源管理学者组成。该学派注重通过加强人力资源的管理与开发，运用现代管理手段，增强雇员对企业的认同感与忠诚度。管理学派认为，雇员的利益同企业的利益基本一致，企业采取高绩效的管理模式，如高工资、高福利、公平待遇、轮岗制度、工作规划等策略，有助于雇员对企业形成高度认同感。与保守学派相比，管理学派认识到了单纯市场调节的局限性，强调通过改革人力资源的管理方式，增强劳资间的信任与合作。在对待工会及集体谈判制度的问题上，该学派的态度较为模糊，一方面认为工会的存在会干涉雇主的权利，给劳资关系带来不确定性；另一方面，面对已经成立的各种工会组织，管理学派认为雇主只有与工会建立良好的合作关系才能在未来继续生存。管理学派的观点与主张更为接近市场经济国家的现实状况，是20世纪70年代日本"合作式雇主—雇员关系"模式的重要理论基础。

(3) 正统多元论学派

正统多元论学派主要由制度学派与劳动关系学者组成。该学派重点关注劳资关系领域经济效率与公平的关系，通过对劳动法、工会以及集体谈判制度的研究，主张政府应在职业培训、经济结构调整中发挥更为积极的作用，在此基础上，通过政府、雇主与工会三方的共同努力协调劳动关系。与新保守派不同，正统多元论学派强调劳动力市场上雇员与雇主之间的不平等，认为雇员因面临稀缺的劳动机会而处于不利的地位，因此主张通过工会与集体谈判制度平衡劳资双方地位，维护雇员利益，形成和谐的劳动环境，同时提高生产效率和效益，以此兼顾公平与效率。该学派主张弱势群体通过"组织化"实现自身的公平诉求，提出建立工人委员会或工人与雇主共同组成的委员会，使工人代表分享企业信息、参与共同协商、监管与决策行为。正统多元论学派肯定了工会与集体谈判的重要性，注重劳动者公平权益的维护，对第二次世界大战以来欧洲一些国家劳资关系体系的构建产生了重要影响。

(4) 自由改革主义学派

自由改革主义学派的观点较为松散，既包括对微观领域的就业歧视、不公平、裁员、工作环境危险、拖欠工资福利等问题的分析，也包括对国家劳动法律法规及政策、劳动关系调节机制的不足与所存在问题的研究。该学派以批判的眼光分析市场经济国家的劳动关系体系，认为已有的劳动法律法规以及相关政策难以为雇员提供足够的权利保护，而雇主出于利益的考虑，以及受自身能力所限，也不可能公平、公正地对待雇员。

自由改革主义学派最突出的贡献是提出了结构不公平理论，该理论将经济部门划分为核心与周边两个部门。核心部门是指规模大、资本密集且居于市场主导地位的企业，该部门往往具有较强的经济实力，雇员也拥有更多的关系力量，因此能够采取更为先进的管理模式，给雇员提供优越的劳动条件。而周边部门则是指经济实力较弱的劳动密集型企业，与核心部门相比，这类企业的工作岗位相对不稳定，甚至是非全日制的、临时性的，易受裁员政策影响。自由改革主义学派指出，正是核心部门与周边部门的结构不公平，证明了工会与集体谈判制度存在的必要性。两部门相比，周边部门的雇员更需要工会的帮助，但现行的劳动关系体系却恰恰是周边部门的工会力量软弱。因此，必须加大政府对劳动关系的干预强度，通过制定强势劳动法以及完善工人代表制度与工会、支持劳工运动等方式确保工人得到公平待遇。[1]

（5）激进学派

激进学派主要由西方现代马克思主义学者组成，该学派认为，劳资双方的利益是根本对立的，劳资间的冲突不仅仅是双方在工作场所内关于工资报酬和劳动保障等具体问题的分歧，而且是资本主义经济体系本身所固有的矛盾与问题。激进学派认为，其他学派所提出的政策主张作用有限，其实质均是为雇主服务的，并非双赢策略，这些措施往往是运用更为圆滑的策略监督与控制雇员的行为，并通过所谓的民主化改革，制造劳资利益一体化的假象。该学派指出，只要资本主义经济体系不改变，工会的作用就十分有限，为此，必须进一步增加工人对劳动权与剩余报酬索取权的了解，充分认识劳资关系的对立性质，主动挑战资本的主导权。

2.3 合作型劳动关系的内涵与价值理念

2.3.1 合作型劳动关系的内涵

所谓合作，从字面意思看就是个人与个人、个人与群体、群体与群体之间，基于共同的目标和利益，通过彼此相互协作和配合，所采取的一种联合活动。社会性是人的基本属性，每个人都是作为社会群体中的一员而存在的，自从有了人类活动，人们就始终存在相互合作的行动。从某种意义上说，人类社会的发展历史，就是一部人类相互合作，从而推动社会发展和进步的历史。尽管生产力水平发展到一定程度后，企业出现了劳动分工，并且分工越来越细，以至于后来的经济学家如亚当·斯密将研究的重点聚焦在劳动分工上，但这种分工是人与人之间

---

[1] 高新会. 论转轨时期我国劳动关系的制度变迁 [D]. 广州：暨南大学，2005.

充分合作后，生产力水平达到一定程度的结果，通过分工可以体现工作专业化的要求，提高生产效率，但是在分工基础上，需要从更高层次推动各个工序和流程之间的整体协作，从而实现企业整体利润的最大化。不管何种形式的合作，都需要合作各方遵循预先设定的合作规则，本着互惠互利、优势互补的合作原则，通过相互协作和配合，实现彼此之间利益的最大化。如果有一方或多方破坏合作规则，违背合作精神，合作则难以为继，最终走向合作的对立面，矛盾和冲突的产生也就不可避免了。

就劳动关系而言，其形态经历了一个不断发展演变的过程。从劳资的冲突对立走向双方相互合作，始终伴随着经济、社会和科学技术的发展，政府职能的转变，法律法规的完善，以及工人运动和工会的发展及职能的转型，同时，劳资合作的思想在劳动关系形态的演变过程中也一直有所体现。Tayloy（1903）就提出，过去劳资双方往往将注意力集中于如何分配利润，而不是如何最大化增加利润，这样很容易导致劳资对立，而通过劳资合作，在提高企业整体劳动生产率的前提下，可以促使资方利润的增加和劳方工资的提高，保证双方的目标同时实现。20世纪30年代提出的斯坎伦计划（Scanlon Plan），其核心思想就是通过劳资双方分享企业生产率提高所增加的收益，从而促进劳资双方的持续合作，提高企业经济效益。Cooke（1990）指出，作为调节劳资关系的一种模式，劳资合作是劳资双方基于共同追求更大的利益这一目标而开展的行动，在实现目标的过程中，双方不将各自的心力用到相互对抗上，而是集中心力用于目标的达成上。[①] Crane（1992）提出了劳资合作的几项重要原则，包括劳资双方相互信任、信息共享和互动发展问题的解决方法、创新意愿和尝试新的劳资合作项目、参与计划和管理委员会、劳资双方持续沟通、内部自我管理解决分歧。[②] Osterman 和 Kochan（1994）认为，通过增强雇员的集体话语权，可以整合雇主和雇员的利益，从而建立雇佣双方的合作伙伴关系，组织应围绕如何构建"互利企业"这一目标，在战略层、职能层和实践层三个层次有所作为。[③] Quinlan 和 Johnstone（2009）认为，组织通过明确规定允许工会代表参与组织决策制定，以促进管理者、工会和雇员之间的相互信任与合作，并最终提升雇员的工作和生活质量。[④]

[①] Cooke W N, Meyer D G. Structural and market predictors of corporate labor relations strategies [J]. Industrial and Labor Relations Review, 1990, 43 (2): 280 - 293.

[②] Crane D P. Patterns of labor - management cooperation [J]. Employee Responsibilities and Rights Journal, 1992, 5 (4): 357 - 368.

[③] Kochan T, Osterman P. Mutual gains bargaining [M]. Boston: Harvard Business School Press, 1994.

[④] Quinlan M, Johnstone R. The implications of de - collectivist industrial relations laws and associated developments for worker health and safety in Australia, 1996—2007 [J]. Industrial Relations Journal, 2009, 40 (5): 426 - 443.

从以上合作型劳动关系的相关思想可以看出，不同的学者对合作型劳动关系界定的视角是不同的，包括合作的动因、合作的特征和原则，以及合作的方式或模式等。本书基于已有的研究成果，结合近些年劳动关系发展的新动向，以及本书劳动关系研究涉及的组织范围，将合作型劳动关系定义为：劳动关系主体基于互利共赢的基本理念，通过整合雇佣双方各自的利益诉求，找出双方共同利益的汇合点，建立彼此之间的信任关系，通过在组织治理层面形成共同治理的结构模式，以及一系列人本化人力资源管理功能的实施，实现共同利益的最大化，并确保雇佣双方分享利益所得，以维持雇佣双方合作的持久性。总之，这一定义强调合作型劳动关系的建立应该关注雇佣双方各自的利益，尤其注重雇佣双方之间利益的相互平衡，在此基础上通过利益整合明确双方的共同利益，借助一系列合作机制的建立和实施，以及对合作行为的引导，确保合作目标的达成和合作行为的维持。

2.3.2　与合作型劳动关系相关概念的辨析

与合作型劳动关系相呼应，近些年我国更多提到的是建立"和谐劳动关系"。20世纪90年代中后期，针对我国国有企业改制过程中出现的大量劳资冲突和劳动纠纷，我国提出了要建立"和谐的劳动关系"或"和谐稳定的劳动关系"。2002年11月中共十六大召开之后，我国提出了建立"和谐社会"的理念和目标，而劳动关系作为现代社会最基本、最重要的社会关系之一，是"和谐社会"建设的重要支柱和基石，因此在这之后"和谐劳动关系"的提法逐步明确，成为劳动关系调整的重要目标。2015年3月发布的《中共中央国务院关于构建和谐劳动关系的意见》，针对经济社会转型时期劳动关系的主体及其利益诉求越来越多元化，劳动关系矛盾进入凸显期和多发期的现实状况，进一步对构建和谐劳动关系作出了整体部署。那么"和谐"与本书所谈的"合作"到底是什么关系呢？所谓"和谐"，按照辩证唯物主义的观点，是指对立事物之间在一定的条件下，具体、动态、相对、辩证的统一，是不同事物之间相同相成、相辅相成、相反相成、互助合作、互利互惠、互促互补、共同发展的关系。[①] 而"和谐社会"，就是要使"全体人们各尽其能、各得其所而又和谐相处"，是一种美好的社会状态和社会理想。因此，和谐社会中的劳动关系主体之间不应该是对立关系，而是相互信任与合作的关系。

具体而言，"和谐"更加强调事物运行后最终达到的结果状态，即通过一系列具体的实施举措后所希望达到的一种理想状态，并且和谐目标更多定位于社会层面和整个组织层面；而"合作"则更加强调实现理想结果的运行过程，

---

① 崔驰. 现代市场经济条件下中国合作型劳动关系研究 [M]. 北京：经济科学出版社，2013：32.

具体到劳动关系领域,就是劳动关系相关主体之间通过采取有效的合作措施,建立科学的合作机制对非合作行为进行及时规制,以确保共同目标和利益的实现。所以合作型劳动关系侧重于从组织的微观层面研究如何使雇佣双方通过合作实现劳动关系和谐的目标,即合作的过程是实现和谐目标的必备前提。只有经过充分合作才能达到劳动关系稳定的均衡状态,和谐目标也才能更加持久。基于此,本书研究合作型劳动关系主要从组织层面研究劳动关系主体之间合作的过程。

关于本书所谈合作型劳动关系的内涵,需要与我国以往劳资合作实践中所涉及的劳资合作加以区分。从1949年到20世纪70年代末期,我国国有企业曾经采取了诸多管理层与职工合作的管理实践,如职工代表大会、工厂管理委员会、生产班组会、职工合理化建议、群众质量管理小组等,企业普遍建立了工会组织,工人福利也得到了较好保障。但这种合作实践是在浓厚的意识形态指导下进行的,企业基本上放弃了效益原则和利润原则,职工也普遍缺乏科学管理的能力,导致国有企业大面积亏损,运行效率低下、缺乏市场竞争力等一系列弊端相继出现。改革开放后,在国有企业改制过程中,包括职代会制度、厂务公开制度、职工董事和监事制度等在内的管理层与职工合作管理的制度与实践在大多数企业得以延续,并且在1993年通过的《中华人民共和国公司法》中作了具体规定。但是从过去多年的管理实践看,在劳动关系的利益博弈中,管理层往往占据主导地位,工会和职代会有效行使权力的能力较弱。此外,在部分外资独资企业和合资企业,国外一些先进的劳资合作管理实践,如工作团队、全面质量管理小组以及员工持股计划等也得以模仿和嫁接,但由于制度环境缺失,企业的目标定位狭隘,忽视员工利益等导向问题,这些实践在我国企业表现出一定程度的"水土不服",合作效果并不明显。基于以上现实问题,本书研究合作型劳动关系问题,就是以科技型中小企业为例,就中国情境下合作型劳动关系构建的理论与实践问题进行深入探讨。

2.3.3 合作型劳动关系的价值理念

与传统劳动关系相比,合作型劳动关系这种新型的劳动关系形态更多聚焦于雇主和雇员合作目标的确立、合作过程的实施、合作目标的达成以及合作行为的维持。因此,合作型劳动关系所秉持的价值理念主要集中在以下三个方面。

(1) 共治

合作型劳动关系的建立需要通过雇佣双方全方位和全过程的合作来实现,因此,从劳动关系治理的角度看,需要雇佣双方明确各自在治理过程中承担的职责，以利于合作关系的建立、实现与维持。在传统劳动关系中，劳动关系的治理往往由资方单方面控制，工会作为代表劳方权益的组织，更多的是站在相互对立的立场上与资方展开谈判，且谈判的问题仅仅涉及有关劳方权益的问题，如工作时间、工资及工作条件等，对于企业的经营决策问题，以及双方在具体工作过程中的合作与沟通方式则很少关注，因此在谈判过程中难以从组织和个人双赢的视角谋划整个组织的发展，双方往往缺乏相互信任的基础，导致合作的广度和深度非常有限。

在合作型劳动关系的建立中，雇佣双方首先需要从组织治理的高度谋划双方的深度合作。作为组织战略规划中的一个子战略，人力资源战略已成为实现组织战略目标的一个重要支撑，因此在公司的决策层就需要雇佣双方就合作的目标、方向和路径等经过充分沟通后达成共识，从而为双方的全方位深度合作提供战略指导。在合作过程中，雇佣双方合作关系的维持也需要建立有效的沟通机制，对合作过程中遇到的摩擦和障碍及时予以化解和排除。在劳动关系的共治中，特别需要关注雇佣双方在劳动关系治理中的共同责任，通过建立双方合作的平台，彼此将对方放于相对平等的地位，就各自所关注的利益问题展开对话与合作，经过充分的协商与沟通，化解双方不协调的行为，从而维持合作行为。

（2）共享

合作型劳动关系强调雇佣双方的全面、深度与持久合作，无论从合作的过程还是从合作的持续性看，雇佣双方对信息和利益的共享都是维系合作的前提与保证。在我国现阶段，合作型劳动关系的建立尚属组织的管理创新与变革。在此过程中，要建立雇佣双方的信任与合作关系，更好地激励员工参与组织管理并承担有关责任，管理层有必要将企业战略目标、组织绩效标准、流程与技术变革、制度创新、业务标准等信息及时向员工传递和分享，增进员工对相关制度的理解，促进企业和员工之间的相互接纳，消除员工对创新与变革的抵触，更好地融入组织。作为员工，在全面掌握信息的基础上，可以更好地服务于团队建设，促进团队成员之间的相互协作，提高团队自我决策的科学化水平，提升团队的自我管理能力。因此，信息分享的过程也就是雇佣双方深度合作的过程，是影响最终合作效果的关键环节。

在信息共享的基础上，对雇佣双方合作成果的共享关系到能否构建持久性的合作型劳动关系。在传统劳资关系中，由劳资双方共同创造的利润往往由资方独享，双方利益分配的失衡导致劳资冲突与对立的根源难以真正消除。而雇佣双方对企业利润的分享，是劳动关系由冲突走向合作的基本途径。员工是人力资本的载体，物质资本与人力资本作为两种最基本的生产要素，二者通过签订契约形成较为复杂的关系，从而共同创造财富。作为生产过程中不可或缺的两种要素，两种资本产权具有相对平等性,这是人力资本与物质资本可以公平索取企业剩余的理论前提。因此,合作型劳动关系的建立与维持要求在企业内部形成公平完善的收益分配机制,通过对企业利润的共享,协调雇佣双方的利益关系,维系双方持久合作的根基。

(3) 共赢

在传统的劳动关系中,劳资冲突和对立的根源在于劳资双方力量和利益的失衡。如果过度强调资方的利益,忽视劳方的利益诉求,劳方的各项权益就无法保证。相反,如果过度强调劳方的利益,尤其是劳方的要求如工资和工时等超出企业承受能力,企业的市场竞争力就会削弱,难以实现可持续发展,劳方的权益保障包括最基本的就业保障也就失去了物质基础。因此,如果劳资双方缺乏信任,没有合作的基础,由此造成的劳资对立状态最终会导致劳资双方两败俱伤。而劳动关系的协调和运行是劳资双方双向互动的过程,对资方或劳方任何一方的过度保护都会破坏双方力量的均衡,导致双方很容易将目标聚焦于各自利益的分配,而不是共同将利益蛋糕做大,最终使双方的利益呈现出此消彼长的状态。

合作型劳动关系则要求雇佣双方首先明确各自的利益目标,劳资合作并不意味着消除双方的利益差异,事实上,合作型劳动关系是一种包容性劳动关系。在不同类型的企业,雇佣双方在产权的平等性方面存在较大差异,双方的力量对比和利益分配并非处于完全均衡状态。由于劳动力产权的确认存在一定的难度,以及劳动力市场上劳动力供求的失衡,在我国现阶段要实现劳资的完全平等还不具备现实可行性。因此在合作型劳动关系的建立过程中,仍然离不开集体谈判、三方协商和共同参与等劳动关系协调机制来保障双方力量的相对均衡,从而促进双方利益相对均衡。而雇佣双方要实现共赢,就是在承认各自利益差异的基础上,整合双方的利益诉求,通过充分的沟通,找到双方利益的汇合点,以此作为双方合作的动力与基础。在具体的合作过程中,需要紧紧围绕双方的共同利益和目标,对不利于共赢目标的行为及时纠偏,确保共赢目标的最终达成,并通过分享机制的建立与实施使双方的利益最终真正实现。

2.4 合作型劳动关系的理论基础及述评

为了对合作型劳动关系的研究奠定理论基础,本节对相关基础理论进行梳理和介绍,并对其在合作型劳动关系构建中的作用进行简要述评。

2.4.1 利益相关者理论

利益相关者这一概念由斯坦福研究所于1963年首次提出。利益相关者这一理论的内涵就是要让所有投入专用性资产，为创造企业财富做出过贡献的产权主体参与到公司的组织机制、决策控制机制、利益分配机制中去，通过找出调整复杂利益关系的理性规则，实现不同利益相关者之间的最佳协调。[①] 该理论认为，现代企业是一个多边契约组织，是由股东、员工、消费者、债权人、贸易伙伴等利益相关者为了应付环境和人际关系本身的不确定性而结成的一种契约网络，每个利益相关者都向企业投入了某种专用性资源，企业经营的好坏会直接或间接地影响每一个利益相关者的现实利益。同时，企业的有效运作和持续发展也有赖于利益相关者之间进行持久合作。这一理论对股东至上的传统公司原则提出了直接挑战，认为股东利益不应该居于企业的最高地位，而应是众多利益相关者中的一员。在公司治理中，管理者不但要为股东利益的实现服务，而且应该考虑其他利益相关者的利益。[②] 企业治理不仅要强调股东对企业经理人员的监控，还要注重员工、债权人等利益相关者对企业管理与决策的参与，通过不同利益相关者相互合作，实现共同利益的最大化。

就构建合作型劳动关系而言，实行利益相关者共同参与公司治理的模式，就是要保证所有利益相关者有大致均等的机会参与到公司治理中。其中，雇员是最为重要的一个参与角色，因为雇员的工作、收入、晋升、社会地位等都与企业的生存和发展密切相关，他们的利益受企业影响最大，他们与企业的合作行为对企业的影响也最大。现代企业的成功在很大程度上取决于经营者和员工之间的相互协作与创新能力的发挥，没有员工的忠实支持与协力合作，企业就无法实现市场价值的最大化。让员工参与治理，尤其是让员工拥有企业的部分产权，使企业和员工结成利益共同体，不仅可以使员工对企业发展更为关注，调动其工作积极性，减少员工的偷懒行为和企业激励监督的成本，还可以利用员工在企业内部可直接观察经理人行为这一优势，对企业委托代理关系中监督不足、信息不对称等问题加以改进，降低代理成本。因此，员工作为直接利益相关者，通过参与公司治理既可以增加员工自身的利益，又可以提升股东及公司整体的利益和价值，是一种有利于实现共赢目标、具有帕累托改进效应的制度安排。[③]

利益相关者理论表明，雇佣双方相互合作在企业劳动关系治理中具有普遍适

---

① 陈昆玉，陈昆琼. 利益相关者公司治理模式评介 [J]. 北京邮电大学学报（社会科学版），2002（2）：15-18.

② 刘黎明，张颂梅. "利益相关者"公司治理模式探析 [J]. 西南政法大学学报，2005（2）：96-104.

③ 宋红梅. 职工参与企业治理的理论基础与现实选择 [J]. 经济问题，2006（4）：6-8+11.

用性。无论何种类型的企业，员工都是企业重要的利益相关者，参与公司治理是员工经济、民主、文化等权益实现的基本保障。利益相关者理论反映了全面、均衡的企业发展思路，要求企业在关注股东利益的同时，兼顾企业其他利益相关者尤其是雇员的现实利益。雇佣双方的充分合作，有利于融洽企业内部氛围、促进上下级之间的有效沟通、不断提高员工对企业的满意度和忠诚度、实现企业与员工的共同发展，这是利益相关者理论的基本要求，也是构建合作型劳动关系的重要保障。

2.4.2 人力资本理论

传统企业理论认为，物质资本所有者投入企业的资产具有专用性和可抵押性，企业一旦破产，该资产可能会严重贬值。因此，物质资本所有者即股东是企业风险的承担者，由出资人独占企业剩余控制权与索取权是一种最有效的制度安排。这一理论是建立在新古典经济学基础上的，按照这一理论逻辑，企业的经营目标就是追求股东利益最大化，股东利益就等同于企业利益。这一理论假设延伸至企业管理实践中，便形成了资本雇佣劳动、股东利益至上的企业单边治理模式，很容易导致劳动与资本、雇主和雇员陷入对立冲突的状态。

随着20世纪中期舒尔茨和贝克尔等人提出了人力资本的概念，人所拥有的知识、技能和能力上升到资本高度，传统资本的概念得到很大拓展，物质资本和人力资本都被纳入资本的范畴。人力资本理论通过经济数据进行系统严格的论证，把人的知识、技能和能力作为推动经济增长的巨大源泉，明确指出了人的知识和能力不同，对生产所做的贡献就不同，高质量的劳动力可以获得较高的劳动生产率，对生产的贡献要大于一般劳动者，因此人的质量的提高也是经济增长的驱动因素之一。[①] 这一理论对以资本雇佣劳动为基础的传统企业理论提出了挑战。

随着人类社会从工业经济向知识经济发展，包括人的知识、技能、经验、健康等在内的人力资本，同物质资本一样，成为现代经济增长的源泉。同时，随着教育培训的不断深入，人力资本的作用得到了更大提升，其独特性也得以提高。在公司投入中，首要的资本由物质资本转向人力资本，知识正在成为企业主要的生产要素，知识工作者的生产力正在成为主导生产力。在推动企业创新的诸多要素中，人力资本成为企业创新能力和竞争力的主要来源。人力资本地位的提升为员工参与企业管理和决策奠定了能力基础。此外，与物质资本相比，现代社会中高质量的人力资本显得更为稀缺，这种稀缺性提高了人力资本所有者在企业中的谈判地位，从而为员工实质参与企业治理提供了现实可能性。

---

① 王明杰，郑一山. 西方人力资本理论研究综述 [J]. 中国行政管理, 2006 (8): 92-95.

按照现代企业理论的观点，公司制企业的有限责任原则、资本的证券化形式及契约不完备的性质，决定了物质资本所有者常常会在资本市场扮演"投机者"角色，对于企业经营过程中面临的风险，他们可以事前通过分散投资、组合证券的方式加以防范或化解，也可以事后在证券市场上通过"用脚投票"而轻易撤出。相反，专用性的人力资本则会随着企业被接管或破产倒闭而大幅贬值。① 这样，人力资本所有者比物质资本所有者承担了更大的企业风险，当员工参与企业治理，雇佣双方形成合作关系时，他们会比股东更关注并追求企业的长远发展。

在雇佣双方合作过程中，管理者必须充分考虑人力资本产权与物质资本产权的差异，如人力资本所有者与占有者之间存在着不一致、人力资本所有权与物质资本所有权具有不同程度的可让渡性，以及人力资本所有权存在着分割困难性等人力资本产权所具有的特性。企业需要尊重这些特性，重视对员工深层次需求的挖掘，通过赋予员工更大的自主权达到激励员工的目的。在此过程中，企业应该特别关注人力资本收益权的实现问题，达到雇佣双方深度合作和持久合作的目的。

2.4.3 不完全契约理论

不完全契约是相对于完全契约而言的，现实中不完全契约更为普遍。契约的不完全性是如何产生的呢？Tirole（1999）将其原因归纳为三类成本的存在：一是预见成本，即当事人由于某种程度有限理性的存在，在契约形成过程中不可能预见到所有可能的状态；二是缔约成本，即使当事人可以预见到所有可能出现的状态，但是以一种双方没有争议的语言写入契约也很困难或者成本太高；三是证实成本，即尽管关于契约的重要信息对于双方是可观察的，但对第三方而言（如法庭）是不可证实的。② 鲍尔斯（2006）进一步补充了另外两方面的理由：一是对于某些交易，由于没有适当的法律机构执行其契约而造成契约的不完全性，如国际贸易；二是出于激励的目的，即使所交换的商品或服务的性质允许一个更完全的契约，当事人也可能偏好一个不完全的契约，以获得更多的激励空间。当所交换的商品或服务的性质较难确定且无法在契约中规定时，这种倾向更为明显。

雇佣双方劳动关系的建立与维护主要依靠双方形成的契约，现实中的劳动契约也总是不完全的。由于劳动契约的履行过程是企业进行生产经营活动的过程，而企业生产经营活动中员工的分工协作关系高度复杂，契约中不可能将每个雇员的工作任务细节事无巨细地规定出来，即使可以规定出来，成本也会过高。同

---

① 詹婧. 企业民主参与动力研究——基于劳资双赢的经济学视角 [M]. 北京：首都经济贸易大学出版社，2010.

② Tirole J. Incomplete Contracts: Where do we stand? [J]. Econometrica, 1999, 67 (4): 741-781.

时，随着团队生产形式在企业中的运用越来越普遍，团队的总产出并不是各个团队成员可分离的产出之和，雇主想要根据每个员工的贡献规定劳动契约中的工资条款也是不现实的。在此情况下，部分员工怠工、偷懒等机会主义行为便会随之产生，而其带来的负面效应则会由团队中的其他人员承担，劳动契约的不完全性会更加突出。此外，雇佣双方严重的信息不对称也是导致劳动契约不完全的重要因素。在契约的订立过程中，雇员可能会通过夸大自身工作能力来获得更好的签约条件，而这一点雇主很难把握；同样，雇主可能会利用自身在工作条件及待遇支付方面的信息优势，以欺骗的方式吸引员工在不知情的情况下签订契约。在履约过程中，员工可能会通过偷懒和怠工等"道德危害"手段减少劳动力付出；而雇主也可能会以产品质量或企业经营效益等为借口，尽可能按照低于契约中规定的报酬水平支付劳动报酬，变相通过劳动力的过度使用为自身争取更多利益。

在合作型劳动关系的构建中，契约的不完全性对雇佣双方的合作行为具有正反两方面的影响。从员工激励的视角看，根据 Bottom 等（2006）的研究结果，契约的不完全性有时候支持组织中的信任和互惠行为。[①] 随着科技进步与劳动方式的变革，雇员工作方式的弹性和灵活性越来越高，契约不完全性所带来的灵活性为雇主对雇员有效授权提供了更多理论支持和操作上的便利，有助于拓展雇佣双方的合作空间，提升合作效率。而契约不完全性所带来的机会主义行为则会破坏雇佣双方的信任关系，造成彼此利益的相互侵害，不利于双方的长期深度合作。因此，如何平衡契约不完全性所带来的正负效应，成为合作型劳动关系构建中的重要一环。

2.4.4 分享经济理论

面对 20 世纪 60—70 年代西方国家出现的滞胀现象，1984 年美国麻省理工学院教授马丁·威茨曼出版了《分享经济》一书，标志着西方分享经济理论的形成。[②] 威茨曼从企业工资报酬的分配制度入手，解释和分析滞胀产生的原因，寻找对付滞胀的良药，提出了不同于传统经济学的新的工资理论，即分享工资理论。威茨曼将报酬制度分为工资制度和分享制度两种模式，与此相对应，市场经济也分为工资经济和分享经济。工资经济就是传统的由劳动力市场供求决定工资的市场经济体制；分享经济则是把工人的工资与某种能够恰当反映组织经营状况的指数相联系的制度，工人与资本家在劳动力市场上达成的协议就是要确定二者在组织收入中所占的分享比例。

---

① Bottom W P, Holloway J, Miller G J, et al. Building a pathway to cooperation: Negotiation and social exchange between principle and agent [J]. Administrative Science Quarterly, 2006, 51 (1): 29–58.
② 威茨曼. 分享经济 [M]. 林青松, 译. 北京：中国经济出版社, 1986.

威茨曼认为，传统工资制度作为一种有效的市场机制，能够自动把劳动力从边际价值低的地方转移到边际价值高的地方，有效解决市场经济竞争中出现的优胜劣汰问题。但是由于工资是由劳动力市场确定的，工资率是事先确定的，当整个宏观经济不景气，社会对产品的总需求急剧下降时，企业的反应首先是减少产品的产出数量，而不是降低产品的价格，这样必然导致工人被解雇。在经济萧条期，失业的工人很难在短时间内找到工作，他们的收入水平必然会降低，从而导致总需求进一步下降。威茨曼认为，解决滞胀问题的办法就是改变传统的工资制度，实施分享制的分配政策，通过找出某种能够恰当反映企业经营状况的指数，实行工资与指数相挂钩的制度确定工资报酬。通过实施分享制，形成扩大生产、实现充分就业的内在机制，使经济在偏离均衡时具有更强的返回均衡的能力，从根本上抑制通货膨胀的发生。

威茨曼的分享经济理论偏重学理分析，英国经济学家爱德华·米德对分享经济制度进行了具体设计。米德认为，分享制有完全分享和混合分享两种形式；根据员工是否拥有企业资本和是否参与控制企业，分享制有员工持股计划、利润分享制、收益分享制、劳动管理的合作制和有差别的劳动资本合伙制等形式。其中，最主要的是员工持股计划和利润分享制。员工持股计划就是让员工拥有企业的部分普通股份，形成企业与员工共担风险的责任机制，但事实上员工持有的股份数量有限，对企业经营管理没有决定性控制权。利润分享制是企业完全按照市场价格为员工支付固定工资，同时又从纯收入扣除有形资本装备后得到的收益中按一定比例分给员工。这种形式可以减少员工承担的风险，对于企业来说，由于分享前已经扣除了成本，可以调动其增加员工、扩大生产的积极性。

虽然合作型劳动关系的构建重在企业内部雇主和雇员之间关系的协调和整合，但最初用于解决宏观经济问题的分享经济理论仍然具有重要的参考价值。雇主和雇员的合作关系和合作行为能否得以建立、巩固和维持，与雇员人力资本收益权能否实现密切相关。通过建立分享制度，员工不仅可以获得相对固定的基本工资，而且可以分享企业利润，否则人力资本产权就是残缺的，合作型劳动关系的建立也就缺乏了深层次的产权基础。此外，企业实行员工持股也是完善企业治理结构，在企业战略层面上形成雇佣双方合作关系的内在要求。

2.5 本章小结

本章对科技型中小企业合作型劳动关系构建过程中涉及的相关概念进行了界定，对西方劳动关系思想的演变进行了系统梳理，重点对合作型劳动关系的内涵与价值理念进行了详细阐述，并就合作型劳动关系构建的理论基础进行了述评。

为了避免由于所有制不同，以及从某种经济利益或政治立场出发而引起概念理解上的差异，本书侧重使用劳动关系的概念，但是在涉及一般劳动关系理论时，也会使用劳资关系的概念。而本书所讲的合作型劳动关系，其内涵与雇佣关系和员工关系更为接近。本书对科技型中小企业的界定主要考虑了企业人员规模、具有一定学历的科技人员所占比重、企业的技术创新能力、企业用于技术开发的经费等因素，其涉及的行业是随着经济和技术发展动态调整变化的。

合作型劳动关系注重强调雇佣双方的合作过程，双方以合作共赢为价值理念，通过利益整合明确双方的共同利益，借助于一系列合作机制的建立和实施，确保合作目标的达成和合作行为的维持。与和谐劳动关系相比，合作强调劳动关系运行的过程，和谐则强调劳动关系运行的结果与理想状态。"共治、共享、共赢"是合作型劳动关系秉持的基本价值理念。

合作型劳动关系的研究需要建立在一系列基础理论之上，本书将利益相关者理论、人力资本理论、不完全契约理论、分享经济理论作为理论基础，对理论的主要内容进行了阐述，并对其在构建合作型劳动关系过程中的作用进行了简要评析。研究表明，上述基础理论所体现的一系列重要思想，如员工参与公司治理，限制雇佣双方的机会主义行为，人力资本参与企业收益分配等，都是合作型劳动关系构建的重要内容，这些基础理论为本书后续研究提供了重要的理论基础。

第3章
科技型中小企业构建合作型
劳动关系的理论探析

为了对科技型中小企业劳动关系的目标形态进行准确定位,本章将对劳动关系形态及其调整模式的演变过程进行详细阐述,结合科技型中小企业劳动关系的特性,就科技型中小企业构建合作型劳动关系的必要性进行分析,并从人力资本产权的视角对其可行性进行深入探讨。结合以往研究成果,从不同层面提出科技型中小企业合作型劳动关系的内容构成,为本书后续研究奠定基础。

3.1 劳动关系形态及其调整模式的演变

根据劳动关系形态的历史演进,Harbison 和 Coleman(1951)将劳动关系划分为四种形态,分别是冲突型劳动关系、对峙型劳动关系、协调型劳动关系和合作型劳动关系。[①] 下面将对这四种劳动关系形态的演变过程及其调整模式的变化进行详细阐述。

3.1.1 冲突型劳动关系

18世纪中期,随着工业革命的兴起,资本主义生产方式由工场手工业发展到机器大工业,机器取代了传统的手工工具,机器工业取代了传统的手工业作坊,社会生产方式和经济制度发生了质的飞跃。机器的大规模广泛使用使企业的生产规模迅速扩大,劳动生产率迅猛提高。工业革命直接导致了工厂制度的建立,构成了资本主义经济发展的微观基础。随着工业技术在生产领域的广泛应用,工厂的社会化生产程度越来越高,社会上大量的工人进入工厂从事生产劳动,这些工人主要由农民和退伍军人等组成,并且童工也大量存在,成为工业革命早期产业工人队伍的主力军。

---

① Harbison F H, Coleman J R. Goals and strategy in collective bargaining [M]. New York: Harper and Brother, 1951.

由于处于工业革命早期，工人在技术的操作上极不熟练，初期工人的生产效率较低。资本家为了最大限度地提高工人的生产效率，对待员工往往像对待机器一样，对其工作的全过程进行严密监督，通过经济惩罚、鞭打和解雇等刚性管理手段强制要求员工无条件服从，延长工作时间、增加劳动强度和最大限度地压低工人的工资等剥削工人的手段被广泛采用，并且具有不可抗拒性。由于资本家追求更多利润的欲望是无止境的，因此工人的生活状况并没有随着生产率的提高和经济的发展而有所改善，相反，由于过度竞争、贫富分化、商品和货币对劳动者的异化，工人的劳动条件和生活状况都急剧恶化。①

面对资本的残酷压榨，工人进行了激烈的反抗。起初工人将自己受压榨的原因归咎于各种机器设备，认为正是由于机械化而使他们受到了非人的待遇，因此他们将机器视为仇敌，通过破坏机器设备、烧毁房屋等形式对他们受到的剥削压迫进行反抗，给当时的生产力发展造成了严重破坏，一定程度上阻碍了资本主义工业的快速发展。后来，工人停工、怠工和罢工等反抗形式相继出现，但由于工人的力量相对弱小，没有形成能够与资本家相抗衡的力量，这些反抗斗争大多数以失败告终。工人通过反抗斗争的实践逐渐意识到联合的必要性，早在1790年，美国熟练的手工艺工人便组织了同业工会，此后，其他行业也陆续出现了最初的工人组织，这就是早期的工会。这些工会组织提出了最低工资要求，并通过相关的走访巡视活动，确保工会会员的工资水平不低于他们提出的最低工资水平。此后，工会运动进一步发展，尽管在资本主义经历经济危机和大萧条时工会运动短暂处于低潮，但其发展态势却呈现出不断增长的趋向。

由于雇主和雇员利益的相互对立，因此面对早期的工人组织，雇主进行了激烈的抵制，企业在对工人组织极力压制的同时，想方设法通过延长工人工作时间、降低工人工资、增加劳动强度等措施追求自身利润的最大化。这一时期，面对激烈的劳资冲突，政府也开始利用法律的形式对工人运动进行限制，如1791年法国颁布了《夏勃里埃法》，1799年英国颁布了《结社法》，这些国家先后以立法的形式禁止工人结社、罢工和示威。总体来看，与自由竞争资本主义时期的特征相对应，政府在劳动关系的调节方面采取了自由放任的政策，但从相关的立法内容和实施情况看，政府实际上偏向于雇主一方，对雇主随意雇佣、使用和解雇工人采取了纵容政策。

这一时期，劳资双方的利益是尖锐对立的，劳资之间的冲突和对抗相当激烈，逐步形成了两大直接对立的阶级。早期的工会发展还不完善，劳工运动总体上处于分散状态，同时由于政府的立法和政策偏向于雇主一方，劳方争取权益的斗争面临资方和政府的双重压迫。按照马克思主义理论的基本观点，劳资之间根本对立的根源在于生产资料所有权不平等导致的财富分配的不公和扭曲，资本主

---

① 程延园. 劳动关系学 [M]. 北京：中国劳动社会保障出版社，2005.

义雇佣关系的本质也就是资本家和雇佣劳动者之间形成的剥削和被剥削关系。由于劳资矛盾的不可调和性,所以工人要想真正满足自身的利益诉求,必须从其受剥削压迫的根源上寻找出路,即工人真正拥有企业生产资料的所有权,成为企业的实际所有者,并自己对企业进行管理,由工人单方面控制企业,确定企业目标并制定管理规则,这是从根本上消除劳资冲突的唯一手段。这种劳动关系的调节模式强调工人的主导作用,并且在实践中也有过尝试,如前南斯拉夫曾建立的工人自治制度、西班牙巴斯克地区的孟作根体系以及我国计划经济时期国有企业的劳动关系等,都含有这些思想成分。但从实践效果看,这种调节模式过度强调公平目标的实现,往往会降低企业的生产效率,从而决定了其实现的公平也是一种相对低水平的公平。[①] 随着 20 世纪 80 年代末期和 90 年代初期苏联解体和东欧社会主义国家的剧变,以及西方激进思想的逐渐衰退,这种基于马克思主义基本理论的工人主导型的劳动关系调节模式逐渐被西方国家理论界边缘化,但是其基本思想对现今企业劳动关系的调节和劳资合作仍具有一定的借鉴和参考价值。

3.1.2 对峙型劳动关系

从 19 世纪中期到 20 世纪初期,随着各资本主义国家工业革命的相继完成,资本主义国家从自由竞争资本主义过渡到垄断资本主义。企业的生产规模、生产能力和技术水平都有了大幅提升,企业之间的竞争也更趋激烈。与自由竞争资本主义时期单纯依靠扩大生产规模和延长劳动时间获取竞争优势不同,企业更加重视科学技术的应用。这一时期,各种新技术和新的发明创造层出不穷,机器设备不断改进,尤其是发电机的问世,使电力快速应用到生产中,对企业生产带来了不可估量的影响,资本主义生产方式也由此从蒸汽机时代步入电气化时代,第二次工业革命随之发生。此后,内燃机的发明和使用,以及电信事业的迅速发展,极大地提高了企业的生产效率。

与此同时,随着科学技术的飞速发展,生产效率迅猛提升,企业的规模也越来越大,资本主义生产社会化的趋势不断加强,导致企业之间的竞争日趋激烈,少数采用新技术的企业在竞争中不断排斥和挤压技术落后的企业,生产和资本的集中程度不断提高,集中到一定程度后垄断便随之产生。伴随着生产社会化程度的提高和垄断的发展,资本主义社会的贫富差距不断扩大,资本主义国家面临的社会矛盾也日趋尖锐。从 19 世纪 70 年代开始,主要资本主义国家先后发生了经济危机,到第一次世界大战爆发前,共经历了五次经济危机。每一次经济危机的发生都使资本主义国家生产相对过剩的矛盾充分暴露,企业大量破

---

① 王永乐. 激励与制衡:企业劳资合作系统及其效应研究 [M]. 北京:经济科学出版社,2010:26.

产，资本不断贬值，失业人数增加，工人的工资大幅度削减，从而使生产力遭到严重破坏。

面对日趋尖锐的社会矛盾，以及工人权益的巨大损失，在这一时期，工人的团结意识进一步觉醒，工人联合的必要性进一步提高，从而推动了工会运动空前发展。1886年，美国劳动工人联合会正式成立；到19世纪末，工会在西欧国家已相当普遍；1905年，世界产业工会在美国芝加哥成立。这些工会组织的不断发展壮大，都是为了形成可以与资方相抗衡的力量，争取为劳方谋取更多的利益。面对严重的社会危机和工人运动的蓬勃发展，政府为了稳固政权，维持统治秩序，不得不要求雇主方面作出一定的让步，在满足自身利益的前提下对雇员的诉求予以适当考虑。1871年，英国颁布了世界上第一个《工会法》，并于1875年颁布了《企业主和工人法》，法律规定允许工人团体与企业主签订契约，这便是集体协商的雏形。1904年，新西兰出台了第一个比较规范的《集体合同法》。1932年美国出台了《诺里斯－拉瓜迪亚法案》，该法案明确保护每个雇员集体谈判的权利，这些权利不能受到干涉、限制或强迫，并且不能将雇员不是工会会员作为雇佣的条件，即不可签订"黄狗合同"。① 这些相关法律的出台和实施，标志着集体谈判制度在国家法律层面上得到承认并获得了保护。同时，西方各国也相继出台了一些劳动方面的法律和条例，内容包括减少工时、提供各种津贴和失业补助、保护妇女和儿童就业等方面，如英国从1802年开始，先后出台了《学徒健康和道德法》《工厂法》《劳动保护法》《劳动保险法》《工会法》等大量法律条文，劳资关系法制化调整的方向初步显现。

总之，在这一时期，劳资之间的矛盾依然激烈，但与自由竞争的资本主义阶段相比，劳资双方的实力对比出现了显著变化。主要表现就是工会运动得以空前发展，工人团体的力量不断壮大，一定程度上可以与资方的力量相抗衡，劳资双方呈现出对峙状态。面对严重的经济危机和工人运动的迅猛发展，雇主和政府不得不作出一定的让步，劳资双方的集体谈判制度从法律层面上得到了确认并予以实施，一定程度上维护了劳方的利益，使劳资矛盾的激烈程度在劳方权益得到一定程度满足的情况下有所弱化。从政府的角度看，政策取向从过去的自由放任向国家干预转变，大量保护劳动者和改善劳动条件等方面的法律出台，相应的劳动行政管理机构开始出现，表明国家以"建议"性的干预政策对劳资关系从有序化、法制化的方向进行调整。即便如此，在这一阶段劳资双方的关系还是处于对立状态，雇主往往将工会看成工业社会的毒瘤，而工会的目标则是挑战与抗议雇主行为，因而双方的利益是根本对立的，在集体谈判中也经常发生冲突，劳动关系双方的博弈往往是一种零和博弈。根据Harbison和Coleman的观点，劳资双方冲突的化解程度与效果主要取决于工会与雇主的力量对比，劳动关系主要依靠对

---

① 德斯勒. 人力资源管理[M]. 9版. 吴雯，刘昕，译. 北京：中国人民大学出版社，2005.

立的集体谈判制度加以维系。①

3.1.3 协调型劳动关系

20世纪上半叶，世界经济经历了两次严重的经济危机，导致大批企业破产，大量工人再次失业；同时受俄国社会主义革命的影响，各主要资本主义国家相继爆发了以政治目标为要求的大规模的工人罢工，使劳资关系再度紧张起来。面对严重的经济危机和失业问题，西方各国政府在巨大的社会压力下加强了对劳动力市场的宏观干预。如美国于1933年6月颁布了《国家产业复兴法》。该法明确规定：工人有组织工会、参加自己选择的任何工会，以及通过自己的代表同资方签订集体合同的权利；雇主在雇佣中必须遵守最高工时和最低工资的规定；通过兴办各种公共工程，吸收失业人员，增加就业。尽管1935年最高法院判决《国家产业复兴法》违宪，但此后政府又陆续通过一些替代性法令，恢复了《国家产业复兴法》的部分内容。与此同时，1935年，政府通过了《社会保障法》，对失业保险、老年保险和政府救济等政策作了具体规定，社会保障制度成了缓和劳资矛盾的一道社会安全网。

为了更好地促进经济复苏，缓和劳资矛盾，在这一时期，产业民主化运动开始兴起，核心内容是工人参与企业管理。在此背景下，政府、雇主和雇员共同参与协调劳资关系的三方性原则开始出现。起初，三方协调的主要形式是：由政府的劳动部门安排雇主和工人代表或工会代表参加会议，就劳资双方共同关心的问题展开讨论。后来经过逐步发展，演变为政府在制定产业政策时，主动征求劳资双方的意见，通过事前政府的主动参与，使劳资双方的矛盾控制在一定范围内并予以及时化解。随着三方协调机制在实践中的发展，三方的协调合作方式也进一步完善，主要的合作方式有两种。第一种合作方式是在集体谈判中，由雇主和雇员代表按照既定的程序通过充分的谈判及讨价还价，共同决定工资和工时等工作条件，政府作为谈判过程中的第三方，主要是帮助制定谈判程序和规则，同时担负劳资双方纠纷的仲裁和调解，以及提供其他服务的职责。第二种合作方式是政府在制定劳动法的过程中，从过去只听取雇主的单方面意见转变为主动邀请雇主和雇员代表共同参与和协商。一些国家出现的劳资协议会是典型的三方协商机构，这些都标志着三方格局的初步形成。

第二次世界大战后至20世纪八九十年代，伴随着经济的飞速发展和科学技术的突飞猛进，以及西方国家社会保障制度的完善和福利水平的提高，劳动关系进一步走向成熟。尽管有一些零星的大规模劳资冲突，如1968年法国的五月风

---

① Harbison F H, Coleman J R. Goals and strategy in collective bargaining [M]. New York: Harper and Brother, 1951.

暴，20世纪80年代英国的煤矿工人大罢工等，但劳动关系的总体趋势是向着缓和、合作的方向发展的。在这一过程中，三方性原则得以广泛推广，集体谈判制度也进一步完善，有关劳资关系调整的规范化、制度化的法律法规体系基本形成。美国在1947年和1959年分别出台了《劳资关系法》和《兰德勒姆－格里芬法案》，对工会的权力进行了规范和限制，并对工会会员的权利从法律上进行了确认和保护。这一时期，工人的民主参与权利进一步扩大，工会的参与权不仅体现在企业的生产经营领域，而且涉及国家有关劳动立法和社会政策的制定方面。政府在劳资关系领域一方面是建立了完善的社会保障制度，以英国、瑞典为代表的福利国家的出现，大大提高了国民的福利水平，在某种程度上保证了相当时期的社会稳定；[①] 另一方面是规范劳资双方的行为，平衡劳资双方的力量，由劳资当事者双方依法解决出现的矛盾和问题。

总之，随着产业民主化、集体谈判制度、三方协商机制等劳资关系调节方式的丰富和发展，劳动关系的冲突和对立在一定程度上有所化解，总体向缓和及合作的方向发展。但这种集体谈判和三方协商主要集中在国家、产业和行业层次，关注的重点主要是与劳动关系有关的公共问题，如工资、工作时间和工作保障等，调节对象主要是社会层面的劳动关系，属于劳动关系调节的外部模式和劳动关系问题的外部规制，对不同企业具体存在的劳动关系问题则很少涉及。在微观层面，尽管与前期的劳动关系形态相比，企业管理层和工会开始逐渐意识到双方合作的重要性，并开始致力于寻求双方共同的利益，相互作出一定的让步。但是企业的生产经营权仍然由企业管理层单方面控制，雇员及其组织并不能直接参与企业的高层战略决策，工会对管理层的行为只能事后监督，因而双方合作的基础是十分脆弱的。

3.1.4 合作型劳动关系

第二次世界大战后，劳资矛盾逐渐缓和，西方市场经济国家保持了社会制度的相对稳定性，使经济进入持续快速发展的"黄金期"。但从劳动关系调节所隐含的价值观念看，仍然将资本看作一种稀缺资源，看作企业竞争优势的主要来源。为了实现股东价值的最大化，需要对包括劳动力在内的成本进行严格控制，因此，劳资冲突和对立的根源并未从观念和管理实践中消除。20世纪80年代以来，传统劳动关系面临的组织情境发生了重大变化。随着劳动者受教育程度的普遍提高，人力资本含量不断提升，员工所掌握的知识、技能和信息对企业发展的推动作用日益凸显，高素质的人力资源逐渐成为企业的核心竞争力。为了适应内外环境的变化，组织结构开始呈现出扁平化的趋势，企业的价值取向也开始从单

---

① 常凯．劳动关系学［M］．北京：中国劳动社会保障出版社，2005．

纯关注股东利益最大化向多元利益主体转变。在此背景下，现代人力资源管理的理论与方法逐渐被引入企业管理实践，从企业微观层面上推动了合作型劳动关系的构建。

与传统劳动关系调节模式注重外部调节不同，强调构建合作型劳动关系的观点认为，产生劳动关系问题的根源在企业内部。以往员工权益之所以常常受到侵犯，各种劳动纠纷层出不穷，关键在于企业在进行重要决策时，对员工权益的重视没有充分体现，以致通过事后的仲裁或以集体谈判为主的协调机制也很难改变员工权益已经受损的既定事实，因此这种劳动关系问题的外部规制只能是一种事后的补救手段。[①] 而合作型劳动关系则将解决劳动关系问题的重心放在企业内部，强调以企业内部层级的调节和合作为主，通过企业内部劳动关系各个主体之间合作关系的构建，寻求和实现不同主体之间的共同利益。为了减少事后的摩擦和冲突，真正在企业做重要决策之前就兼顾雇佣双方的利益，合作型劳动关系强调员工直接参与企业战略决策、企业内部劳资协商制度等管理实践的应用，试图平衡传统意义上雇佣双方的地位，从而为双方的合作从企业治理层面上奠定基础。在合作型劳动关系的构建中，通过人员招聘、培训开发、职业生涯管理、薪酬管理等人力资源管理功能的实施，以及组织文化、领导风格和管理沟通等软性要素的使用，使雇佣双方在劳动契约和心理契约两方面达成一致，从而提高员工对组织的承诺度，提升企业的绩效水平。当然，世界各国和不同的企业在合作型劳动关系构建的实践中，都有自身的特色，并不遵循固定的模式。如第二次世界大战后，德国建立了劳资共决制，突出强调员工参与管理，并在国家层面上开展了职工培训工作，从而在国际上赢得了显赫的经济地位；日本企业则注重独具特色的企业文化的塑造，设计了包括企业工会、年功序列制等在内的相关制度，为劳资长期合作提供了制度保障。从不同国家的实践看，合作型劳动关系的构建主要是以高绩效、高参与、高承诺的人力资源管理实践为主。

因此，从劳动关系形态的演变历程看，致力于实现共赢的劳资合作是劳动关系发展的最佳形态。合作型劳动关系构建的基础在于雇佣双方建立相互信任的关系，彼此尊重对方，满足对方的利益诉求。雇佣双方意识到，通过相互合作，可以提高员工的生产效率，降低企业生产成本，从而不断改进企业的经营效率，促进企业整体绩效水平的提升，为雇主在市场上赢得竞争优势。只有如此，雇员才能获得更大的就业保障和更好的工作条件，争取更多有形或无形的福利。这种基于双方利益最大化的劳资合作有助于减少劳资的冲突和对立，改变传统的雇主与工会之间的对峙关系，从而更好地促进雇佣双方之间的沟通，建立合作伙伴关系。当然，在合作过程中，必然要求劳资双方作出一定让步，彼此尊重对方的利

---

① 王永乐. 激励与制衡：企业劳资合作系统及其效应研究[M]. 北京：经济科学出版社，2010：2.

益诉求,尤其是雇主应作出减少临时解雇的承诺,以消除传统上劳资之间的差异,[①] 通过充分合作解决劳动关系中出现的问题,实现劳资双赢的目的。

需要指出的是,尽管从全球范围看,劳资合作是劳动关系总的发展趋势,并且劳资合作关系在实践中也日益丰富和完善,但以上四种劳动关系形态在不同的国家和企业仍然都存在,因此它们之间的阶段划分并不是完全按照经济、社会和科学技术发展以及管理实践的演变依次递进的,而是在总的发展趋势中呈现出一定的共生状态。

3.2 科技型中小企业劳动关系的特性及其目标形态定位

3.2.1 科技型中小企业劳动关系的特性

在市场经济条件下,契约化、市场化和法制化是劳动关系的一般特征。[②] 作为科技型中小企业,其劳动关系除了具备一般特征外,还具有以下几个方面的特性。

(1) 人力资本价值差异引发劳动关系的分层化

创新是驱动科技型中小企业发展的核心要素,员工拥有的知识和技能是推动企业发展的关键资源。现阶段,我国科技型中小企业涵盖的行业范围广泛,业务涉及研发、生产、销售和服务等环节,由于不同行业和不同业务所需要的员工的素质不同,员工之间的人力资本存量差异较大,导致了企业之间和企业内部劳动关系的分化。

在科技型中小企业中,人力资本存量较高的员工往往负责研发设计等核心业务,工作以脑力劳动为主,且创新性要求高,工作过程难以监督。随着工作经验的积累,人力资本的专用性程度不断提高,他们拥有的知识和技能对企业发展所起的作用越来越大。在此情况下,他们与企业最初达成的雇佣契约可能和他们的付出与贡献逐渐不成比例。如果企业缺乏及时有效的激励措施,且在监督无法实施的情况下,这部分高层次人力资本所有者出现机会主义行为的可能性会不断提高。从企业角度看,如果拥有专用性人力资本的雇员退出,短期内很难找到和培养替代人选,企业会承受很大损失。企业要实现可持续发展,必须高度重视人力

[①] Bradley K, Gelb A. Cooperative labour relations: Mondragon's response to recession [J]. British Journal of Industrial Relations, 1987, 25 (1): 77-97.

[②] 乔健. 略论我国劳动关系的转型及当前特征 [J]. 中国劳动关系学院学报, 2007 (2): 28-35.

资本存量较高的员工,提升其在企业中的地位,改变企业劳动关系中强资本弱劳动的态势,提高他们在雇佣双方谈判中的谈判力。雇主出于企业长远发展的考虑,有可能会让拥有特殊才能和专用性人力资本的雇员获得参与企业管理和分享企业剩余的权力,从而提升高层次人力资本所有者在雇佣双方博弈中的地位。①

对于科技型中小企业中人力资本存量较低的员工,如从事生产制造和普通销售工作的员工,由于其技能在较细的技术分工中相对单一,劳动力市场上供给量比较大,可替代性比较强,且工作过程容易被监督,单个雇员拥有的知识和技能等人力资本难以与雇主的物质资本相抗衡。随着近几年"智能制造"的快速发展,他们工作的稳定性会面临较大的风险。因此,与人力资本存量较高的员工相比,他们在雇佣双方博弈中依然处于弱势地位。

(2) 弹性雇佣策略导致劳动关系的短期化

科技型中小企业作为资本和智力密集型行业,产品研发周期长、难度大,近些年在国家政策的鼓励下,企业数量增多,行业竞争异常激烈,甚至有些企业在初创期就存在倒闭的风险。由于企业所处的战略环境面临较大的不确定性,以及新企业的加入和退出较为频繁,为了降低成本,尤其是减轻固定工资和社会保险费的支付压力,企业在用工方式的选择上会保持较高的雇佣弹性。科技型中小企业中大量项目驱动型组织的出现就是企业出于降低成本的考虑而采用的一次性雇佣策略,即类似于矩阵制组织结构中的项目小组,当企业启动新的项目时就临时雇佣一批新员工,项目结束后该项目组也随之解散,员工和企业的雇佣关系也随之解除。与此相对应,企业更倾向于从外部劳动力市场上获取人才,而长期雇佣和内部晋升等以内部劳动力市场为主导的雇佣策略则居于次要地位。

弹性雇佣策略固然有利于减轻企业成本负担,但由此导致的劳动关系短期化则对雇佣双方合作关系的建立带来了不利影响。科技型中小企业的创新是一个长期持续的过程,稳定的研发团队是企业的核心竞争优势,而劳动关系的短期化使员工很难真正融入企业,深入理解企业的战略定位并实质性参与企业治理。团队作为科技型企业核心业务的主要运行方式,其高效运作需要团队成员形成长期互信的合作关系,但劳动关系的短期化使团队成员处于频繁的动态化调整过程中,对企业中从事基础研发的团队会造成较大的冲击,而科技型企业最核心的竞争力就在于较为稳定的高水平基础研发团队。华为公司从全球网罗高质量的基础研发人才,从而使企业处于全球行业领先地位的事实便是很好的例证。如何平衡弹性雇佣与长期合作之间的关系,是科技型中小企业雇佣关系中面临的重要现实问题。

(3) 较频繁的人员流动与劳动关系协调的超组织化

科技型中小企业的创新型人才大多具有强烈的成长需求,由于大多数科技型

---

① 盖晓敏. 企业人力资本产权研究 [M]. 北京:经济科学出版社,2005:62-74.

中小企业发展历程较短，实力相对较弱，企业难以为员工搭建高层次发展平台，仅仅依靠某个单一的企业很难满足员工的职业成长需求，他们往往不会消极被动地承受和适应组织所赋予的工作，也不过分追求在一个企业内部纵向发展，而是通过在不同企业之间横向流动来获得更多发展机会。随着科技型中小企业之间的竞争日趋激烈，中高层次员工就业的环境日益宽松，就业机会不断增加，在不同企业之间自由流动的壁垒越来越少，员工从组织外部搜寻工作的成本不断降低，工作的转换也会更加频繁。

上述因素的存在使员工对组织的认同感逐步降低，加之企业弹性雇佣策略的实施，科技型中小企业劳动关系短期化的倾向更加明显，而关键人才的频繁流动很容易造成企业技术和商业秘密的泄露。由于员工的职业发展已经不再局限于同一组织内部，企业需要重新审视传统劳动关系协调模式，更加关注企业与其上下游企业之间的关系，将协同发展作为企业之间联系的纽带。通过整合企业之间的业务关系，可以在很大程度上避免企业之间的同质竞争，突破人才使用中组织边界的限制，使人才的价值在不同组织之间充分发挥。劳动关系协调的超组织化使劳动关系主体进一步多元化，利益关系进一步复杂化，理顺不同劳动关系主体之间的权利和义务随之成为提高组织内部和组织之间运行效率的重要环节。

（4）变革与动态环境下劳动关系的复杂化

当前科技型中小企业面临动态化和复杂化的竞争环境，在防范和应对企业发展过程中可能发生的风险时，传统劳动关系调整模式正面临挑战，部分企业开始重视在现代人力资源管理理念指引下协调和处理雇佣双方的相互关系，劳动关系协调手段进一步复杂化和多样化。如在工作设计中针对科技型人才的特征，对其进行较为充分的授权，丰富工作内容，通过实行弹性工作制让他们拥有相对自主的工作空间，提高企业最终的产出效益。在人员激励模式上，有些企业开始尝试使用员工持股、技术入股、利润分享等现代化激励手段，尽可能让企业和员工结成利益共同体，形成较长期的互利合作关系。在雇佣方式上，随着《中华人民共和国劳动合同法》（简称《劳动合同法》）的出台，劳务派遣形式得以进一步规范化，部分从事生产制造业务的科技型中小企业采用诸如人才租赁和劳务派遣等新型用工形式，使得过去以雇主和雇员为主体的劳动关系变成更为复杂的由雇主、雇员和劳务派遣机构三方主体形成的组合劳动关系。

导致科技型中小企业劳动关系复杂化的另一个原因是国际化因素的影响。科技型中小企业涉及的行业大多属于国际化新兴行业，从事的部分业务是在国际分工所形成的产业链条下进行的，如我国部分IT企业就属于其他国家委托加工产品的代加工生产企业。面对全球产业分工的宏观环境，科技型中小企业的劳动关系一定程度上会受到上游企业的影响，工资和工作条件等都需达到国际劳工组织规定的标准。此外，在国际化分工形成的产业格局中，企业之间相互交流、学习和借鉴的机会不断增加，一些成长中的科技型中小企业纷纷效仿先进企业，使劳动关系国际化的趋势愈发明显。① 然而，这一趋势对于科技型中小企业的发展也是一把双刃剑，劳动标准的提高与企业人工成本上升等因素相互叠加，在一定程度上影响了企业的市场竞争优势，加大了企业发展面临的风险与挑战。

(5) 不完全契约下劳动关系冲突的隐性化

在传统行业中，劳动争议和劳资冲突一般会以较为激烈和对抗的方式表现出来，如破坏机器设备、偷懒、怠工甚至罢工等，如果处理不当，对企业生产与和谐劳动关系都会造成不利影响。科技型中小企业由于工作性质和工作方式的特殊性，作为规范雇主和雇员权利义务关系而达成的劳动契约具有不完全性，尽管契约的不完全性在特定情况下能支持雇佣双方的信任和互惠行为，提高双方的收益水平，但由此带来的雇佣双方的机会主义行为会使雇佣双方的冲突以隐性化的方式体现出来。对于人力资本价值含量较高的雇员，由于其工作以脑力劳动为主，雇主难以直接监督，在激励措施不及时和不到位的情况下，他们的工作态度会变得消极被动，创新能力难以充分发挥，部分员工利用搭便车行为获取收益，或者通过跨组织流动泄露企业的商业机密和技术秘密，这些现象使企业发展面临失败的风险。同样，契约不完全下，雇主对员工缺乏信任，授权有限，利用自身的信息优势压低报酬水平，使员工收入增长难以和企业利润增加保持同步，也会造成雇员利益的损失。因此，不完全契约下，劳动关系的隐性冲突会直接破坏雇佣双方的信任与合作关系，造成两败俱伤的后果。

3.2.2 科技型中小企业劳动关系形态的目标定位

现阶段，我国科技型中小企业劳动关系的特性与我国所处的经济发展阶段、企业的战略定位，以及企业面临的内部和外部环境密切相关，虽然表面上没有激烈的冲突与对抗，但是雇佣双方基于充分信任的深度合作关系还远未建立。由于中高层次人力资本所有者是企业经营成功的核心资源，高质量且相对稳定的员工队伍成为企业持续创新的基本保障。从前述劳动关系形态的演变历程看，合作共赢的合作型劳动关系是劳动关系发展的最佳形态。然而，雇佣双方合作伙伴关系的建立和维持，需要具备一定条件，对于科技型中小企业同样如此。

Kochan 和 Rubinstein (2001) 的研究认为，雇主和雇员是企业中的利益相关者，只有二者分享企业收益，合作伙伴关系才能建立并长久维持。要实现这一目标，必须具备四个条件：①利益相关者必须掌握组织成功的关键资产，如知识；

---

① 崔艳. IT企业劳动关系及其和谐目标模式研究 [M]. 北京：中国劳动社会保障出版社，2014：62.

②利益相关者必须愿意承担风险，并拥有充分的权力；③利益相关者相信合作伙伴关系能实现预期的良好结果，且存在一定的机制制约利益相关者；④利益相关者必须为组织实现高绩效、创造价值。[①]

依据上述研究结论，可以就科技型中小企业能否构建合作型劳动关系从理论上进行分析。科技型中小企业成功的关键在于拥有较强的技术创新能力和自主知识产权，创新型人才及其团队创新能力的发挥是实现这一目标的唯一途径。作为人力资本存量，员工的知识、技术和能力成为企业成功的关键资产，只有激发人才的创新活力，企业才有生存的可能并创造价值。由于创新过程及其最终结果具有不确定性，雇主和雇员均面临失败的风险，雇佣双方是否对风险具有大致对等的承受度，是双方能否开展合作的重要前提。作为企业风险的共同承担者，双方在合作过程中需要取得与各自职责相匹配的权力，尤其是对于研发设计人员，需要为其提供较大的创新空间，提升合作效率。作为以提供创新性产品和服务为生存手段的科技型中小企业，雇佣双方合作伙伴关系建立的基础就是双方均对产品和服务具有良好的预期，通过合作能够创造较高的市场价值，以此作为双方合作的基本动力。在合作过程中，如果任何一方违背合作承诺，中断双方的合作关系，雇佣双方均需承担相应的后果。因此，通过一定的制约机制对双方的合作行为进行有效约束，对失信行为进行相应惩戒，是长久维持雇佣双方合作关系的基本保障。

以上分析表明，科技型中小企业自身的特性与构建合作型劳动关系所需的条件具有较强的契合性，科技型中小企业构建合作型劳动关系从理论上和实践上均具备一定的基础，因此，合作型劳动关系应该成为科技型中小企业劳动关系形态的目标定位。然而现阶段大多数科技型中小企业劳动关系的现实状况与这一目标定位应达到的状态和要求还存在一定差距，这正是本书研究的价值所在。为了深入分析科技型中小企业构建合作型劳动关系的理论逻辑，下面将以人力资本产权为突破口，就科技型中小企业构建合作型劳动关系的可行性进行分析。

3.3 科技型中小企业构建合作型劳动关系的产权逻辑

从前述劳动关系形态的演变过程看，由劳资的冲突与对立逐步走向劳资合作，其隐含的一条主线就是对人力资本产权认识的逐步深化和确认。本节将从产权的视角出发，就科技型中小企业构建合作型劳动关系的可行性展开分析。

---

① Rubinstein S A, Kochan T A. Learning from Saturn: Possibilities for corporate governance and employee relations [M]. New York: Cornell University Press, 2001.

3.3.1 人力资本产权的一般特性

从经济学的视角理解,产权是指以所有权为核心的一系列权利束,包括占有权、使用权、支配权和收益权等。① 现代市场经济中,劳动力与物质资本是企业进行生产和再生产活动两种最基本的要素,二者的产权关系确定了其所有者在组织运行中的行为边界,包括双方的行为方式,以及对财产和收益的归属等。因此,合作型劳动关系的建立需要从这两个方面的产权关系进行探讨。关于这一点,我国学者沿着两条路径进行了研究。一条是在马克思主义框架内,提出和使用了劳动力产权的概念。② 劳动力产权是与物质财产产权相对的概念,是劳动者因为在企业运行中付出了劳动而享有的一系列权利,其中最主要的是与传统资本所有者一起分享企业的剩余控制权和剩余索取权。劳动力产权的概念提出后,当代马克思主义经济学者们进一步提出了双产权制度理论,即打破早期资本主义市场经济下物质财产产权主导的单一产权制度,将物质资本和劳动力放到平等的地位,实行平等联合,从而确保双方产权的充分实现。另一条是从人力资本理论出发,从产权交易的视角,将企业看作由人力资本所有者和物质资本所有者形成的产权交易契约,通过合理界定人力资本产权和物质资本产权,正确处理二者的权利和利益关系,从而形成两种产权相结合的双产权制度理论。关于劳动力产权和人力资本产权的区分,按照部分学者的观点,劳动力产权主要是简单、以体力支出为主的劳动能力的产权,而人力资本产权则强调由投资形成的知识、技术和能力构成的,以脑力支出为主的复杂劳动能力的产权。但是简单劳动和复杂劳动是一对历史范畴,随着科学技术的发展和劳动形态的变化,二者的界限越来越模糊,且日益呈现出相互融合、相互合流的趋势。本书依据科技型中小企业员工构成这一特定研究对象,侧重使用人力资本产权这一概念,但与劳动力产权并没有本质上的差异。

人力资本产权理论是在人力资本理论和产权理论的基础上提出的,人力资本产权在本质上是一种现实经济关系,包含在人力资本投资、使用和收益等过程中形成的一系列经济关系。与其他产权一样,人力资本产权也具有产权的一般共性。③ 第一是排他性,即某项特定的权利只能由一个主体拥有,不能同时由两个主体控制,人力资本产权主体对其所拥有的劳动能力对外具有排斥性和垄断性,

---

① 罗宁. 中国转型期劳资关系冲突与合作研究——基于合作博弈的比较制度分析 [M]. 北京:经济科学出版社,2010:137.
② 张秋惠,于桂兰. 劳资关系的产权理论演化研究 [J]. 南京农业大学学报(社会科学版),2010 (6):47-53.
③ 罗宁. 中国转型期劳资关系冲突与合作研究——基于合作博弈的比较制度分析 [M]. 北京:经济科学出版社,2010:141.

对其他非产权主体的行为都可能进行排斥。第二是可分割性。产权是包括所有权、占有权、使用权、支配权和收益权在内的一系列权利束，而这些权利经过分解后，可以归不同的主体拥有。在雇佣制度下，劳动力作为人力资本的载体，人力资本的所有权归劳动力自身所有，但其占有权、使用权和支配权等可以归雇佣企业所有。这种权利的分割，界定和规范了不同产权主体各自的行为，从而确保了企业的有效运行。第三是可交易性。在劳动力市场上，人力资本所有者出于对自身利益最大化的追求，会通过市场交易活动主动出让部分权利，使人力资本产权在不同主体之间转手或让渡。第四是收益性。人力资本是经过长期投资所形成的知识、技能和能力，收益性作为产权各项权利的集中体现，直接体现了产权的实现程度。如果收益权无法实现，产权就是残缺的或者虚置的。作为人力资本产权，其收益权不仅包含劳动力的成本即"工资"，还包含对企业剩余即部分利润的索取。

另外，劳动力是人力资本的载体，人的智力、体力、知识和技能等对劳动力自身有着天然的依附性，始终不能脱离人这个载体而独立存在，劳动力个人的主观意志会直接影响人力资本的形成、使用及退出，因而人力资本产权就体现出其自身的特性。一是自我控制性。人力资本产权包含多种权利，在劳动力市场上，通过市场交易往往只能将使用权和占有权等部分权利转让给企业。因此，人力资本产权与物质资本产权不同，其分解和交易具有不完全性。在市场交易结束后，人力资本产权在使用过程中，人的主观意愿也在一定程度上影响其作用的充分发挥。如果企业的激励机制不完善，如员工对薪酬制度、工作环境、职业发展等不满意，员工可能会在工作中进行消极抵抗，影响工作效率及组织目标的实现。二是产权本身及其创造价值的难以测量性。由于人力资本依附于人这个载体，与物质产权不同，其累积的价值量是难以用货币来准确计量的。在市场交易过程中，劳动力的体力、学历、职称、过去的工作经历和业绩只能承担一定的信号作用，而人力资本价值含量高的群体，其管理能力、创新能力、研发能力等往往难以准确测量，只能在交易合同完成后通过对其业绩的考核来判断，并以此作为收益分配的依据。[①] 即便如此，由于高水平和高层次人力资本所从事的工作越来越需要采取团队的形式，通过团队成员的相互合作完成创新性工作目标，导致在基于团队形式对团队成员的工作成果进行价值分配时，业绩的分解和收益的确定在理论和实践上都是一个难点。三是动态性。随着经济和社会的发展，尤其是劳动力受教育程度的提高，以及个人学习和工作经验的积累，人力资本所包含的知识、技能和能力在不断发展变化，当今社会对高层次人才更注重其创新能力的培养和发挥，因此，人力资本产权的内涵也必然进一步丰富。此外，在经济发展的推动下，随着劳动力低层次需求的逐步满足，对较高层次需求的追求会产生更大的驱

---

① 范省伟，白永秀. 劳动力产权的界定、特点及层次性分析 [J]. 当代经济研究, 2003 (8): 44.

动力，人力资本收益的形式会更加多元化，导致人力资本产权的实现形式也更加丰富和多元。

3.3.2 人力资本产权视角下构建合作型劳动关系的理论分析

从人力资本产权与物质资本产权的共性可以看出，双方在占有权、使用权、支配权尤其是收益权问题上具有相互平等的属性，为合作型劳动关系的建立提供了重要的理论依据。在物质资本与人力资本合作的过程中，双方首先应该明确各自所包含的权利范围。这些权利具有明显的排他性，这就为双方的市场交易提供了明确指向，使双方在合作过程中对各自的行为边界能够进行清楚的界定，从而有利于规范双方的合作行为。而物质资本与人力资本合作的最大动力来自双方对企业剩余拥有共同的控制权和索取权。作为企业生产过程中两种不可或缺的平等要素，双方在财富的创造过程中具有平等的地位和贡献。如果企业建立了公平的收益分配机制并确保其实现，劳资双方就能在合作的前期和合作过程中确立合理的预期，为双方全过程的深度合作构建有效的激励机制，从而确保双方合作行为的长期维持。

但是从物质资本产权和人力资本产权关系的发展历程看，两种产权地位的不平等性却占据了主导地位。在产权制度的形成过程中，物质资本往往占据主导地位，劳动力资本和人力资本概念的提出明显滞后很多，其产权的充分实现则需要更长的时间，因此在劳资博弈过程中真正得到保护的是物质资本。由于两种资本在产权制度上不平等，劳动力资本和物质资本在相互结合的过程中，非常容易导致劳资双方的冲突和对立。造成这种状况的原因，一方面，与劳动力和资本这两种要素的市场力量对比有关。在早期资本原始积累阶段，大量劳动者丧失了生产资料，除了劳动力外一无所有，在此背景下，劳动者只能通过出卖自身的劳动力维持最基本的生存需要，在"资本雇佣劳动"的时代，劳动者根本没有能力去控制和索取企业剩余。后来在工会运动的推动下，劳动者权益得到了一定程度的改善和提高，但资本的稀缺性和劳动力的相对富余性并没有根本改变，强资本和弱劳动的格局没有发生太大变化，加之周期性经济危机引起的严重失业问题，导致两种产权的不平等性没有发生根本扭转。另一方面，与人力资本产权自身的特性有关。由于人力资本是通过投资后形成的知识、体力、技能和能力等，因此在确定其收益时，首先应该核算其投入的成本。但人力资本的投资成本是由多方面形成的，包括国家、社会、用人单位和个人，要对各方面投入的成本进行准确的衡量和测算，本身存在较大的难度，这也对收益在不同投入主体之间的合理分配造成了一定困难。随着个人在教育等方面的投入越来越多，人力资本价值含量不断提高，尤其在知识密集型企业，人力资本产权与物质资本产权出现相互抗衡的趋势，为合作型劳动关系的建立提供了现实必要性。

在企业合作型劳动关系的构建过程中，企业应该充分考虑人力资本产权自身的特性，就双方合作的方式进行有效探索。人力资本的载体即个人具有主观能动性，这种主观能动性直接制约着人力资本作用发挥的程度，因此，在双方的合作过程中，管理者应该摒弃传统的对人进行压榨的管理思想，将注意力更多地放在如何激励好员工上，以充分发挥其主观能动性。企业需要从薪酬制度、员工职业发展、组织人际关系、企业利润分享等多方面满足员工多样化的需求，实现组织目标和员工个人发展目标的相互统一。雇佣双方通过确立合理的预期，消除员工在合作过程中的消极抵触情绪，从而提高个人乃至组织的运行效率。在此过程中，完善的价值创造、价值评价和价值分配体系必不可少。作为价值含量较高的人力资本，他们在组织价值创造中的作用不可低估，但如果缺乏科学的价值评价和分配体系，他们与企业进行合作的动机就会大大降低，甚至会产生机会主义行为，也不利于人力资本产权的充分实现。因此，企业建立完善的价值链管理体系，是维系雇佣双方持久合作的助推器。此外，考虑到人力资本的动态性发展特征，企业还应该动态化评估员工需求的满足程度，通过多样化的激励手段，实现人力资本收益形式的多元化和丰富化。

总之，从人力资本产权的研究视角，要建立真正意义上的合作型劳动关系，基本前提是将物质资本产权和人力资本产权放到相对平等的地位，通过准确界定双方的权利范围与合作方式，为双方获得合理的收益分配提供理论前提。而人力资本产权要获得与物质资本产权相对平等的地位，有赖于市场交易中资本和劳动两种要素力量对比的改善。随着人力资本价值含量的不断提高，高层次人力资本在创新型企业中的地位日益凸显，这为合作型劳动关系的建立提供了现实可行性。如果企业足够重视人力资本产权具有的特性，建立科学完善的激励机制，就可以维持雇佣双方合作的行为及效果，实现组织和个人的双赢。

3.3.3　科技型中小企业构建合作型劳动关系的可行性分析

科技型中小企业是以科技人员为主体，由科技人员创办和主办，主要进行高新技术产品的科学研究、研制、生产和销售，以实现科技成果商品化，以及从事相关的技术开发、技术服务和技术咨询等业务的经济实体。虽然规模相对较小，但科技型中小企业是以创新为使命和生存手段的企业，是知识密集型经济实体。作为科技创新的重要载体和创新驱动战略下经济增长的重要推动力量，近年来在国家和地方有关政策的大力扶持和促进下，其创新主体的作用进一步凸显，对经济增长的贡献度也显著提升。然而，科技型中小企业属于"高风险、高投入、高成长性"的特殊企业，很多处于创业成长期的科技型中小企业，更容易受各种因素的影响而落入"死亡谷"。① 与欧美等发达国家相比，我国科技型中小企业在发展的规模和质量，以及国家创新体系中的作用上还存在较大差距。造成这种差距的原因，从制度层面上看，主要是科技型中小企业发展所配套的法律法规、政策规划和公共服务体系仍然相对滞后，融资难的问题较为突出。而作为知识密集型的创新型经济实体，高层次人才短缺、缺乏核心竞争力则成为其突破发展困境的重要短板。正因为如此，科技型中小企业从创业初期就应该高度重视合作型劳动关系的构建，以培育和形成企业的核心竞争力。本部分拟从人力资本产权的视角，对科技型中小企业构建合作型劳动关系的可行性从理论上展开分析。

根据我国科技型中小企业认定的相关规定以及现实情况看，科技型中小企业的核心业务是研究开发、营销运作，以及技术或产品的集成，技术推动在企业发展中占据主导地位。相应地，在企业内部，从事技术和产品开发以及设计的科技人员、专业人员占员工总人数的比例相对较高，技术产品和服务的营销运作是推动企业发展的龙头，因此，科技人员、专业人员，以及具有专业技术背景的市场营销人员是企业的核心员工。科技型中小企业的主营业务收入来自新技术产品的研发、销售和服务，主要依靠创新性产品和服务所形成的价值参与市场竞争，获取比较优势。同时，由于创新的不确定性和无止境性，科技型中小企业具有典型的经济周期起伏波动的特点，这种波动与技术创新研发浪潮的起伏是一致的。② 一般来讲，企业在创新初期往往会处于高风险状态；创新成功后，由于创新型产品和服务在市场上具有一定的稳定期，企业会进入获得较高收益的回报期，并在短时间内处于高峰期；受技术进步的推动，当利润回报逐步回落，开始进入平稳期后，企业必须开始下一个创新周期，以提前寻求获得市场的主动权。

依据科技型中小企业的上述特点，企业的核心价值来自知识型员工的创新性脑力活动。这种创新性工作的成果与价值主要取决于前期人力资本的积累，同时受企业研发环境、团队协作以及企业激励机制等因素的影响。由于知识型员工拥有较高的教育背景以及人力资本累积的优势，在工作中除了对薪酬待遇的追求之外，会更加关注个人在企业内部的发展空间以及全面发展机会，对传统的管理权威不再迷恋，而是更加重视工作过程的自主性及独立思考空间。此外，由于这部分员工掌握特定领域的知识和技能，具有较高的潜在价值，作为市场上相对稀缺的人力资源，在不同企业间往往具有较高的流动性。从我国科技型中小企业目前的发展状况看，受资金、技术和管理等因素的制约，企业的创新能力总体较弱，稳定的核心研发团队难以形成，科技产品的市场竞争力有限，企业抵抗市场风险

---

① 汪锋，黄炜俊. 促进我国科技型中小企业成长的对策研究 [J]. 宏观经济研究，2014 (11)：20-29.
② 冯伟，谢波峰，谭荣华. 科技型企业的战略人力资源管理体系构建 [J]. 现代管理科学，2014 (4)：93-95.

的能力偏低，从而导致核心人才流失率过高，延长了科技产品和服务的研发周期。同时，受产品市场销售以及企业管理因素的影响，员工对企业利润的分享水平较低，反而需要更多地承担企业创新中可能遇到的风险，使企业发展的人才瓶颈难以突破。而解决这些难题，需要以产权为突破口，寻求建立合作共享的新型劳动关系。

知识型员工是科技型中小企业价值创造的主体。与大型科技型企业相比，科技型中小企业在创业初期的科技产品研发周期更长，面临的不确定性更大。而作为长期投资后形成的人力资本价值含量较高的群体，知识型员工试图寻求较高和较快的人力资本投资回报，这与企业在发展初期面临的不确定性和风险性形成了一定的矛盾。但是，企业只有在这一阶段形成稳定的研发团队，才有可能经过一定时间的攻关，在科技产品或服务领域取得突破。因此，企业在初创期就应该充分考虑核心员工的人力资本产权问题，以产权为纽带，建立企业和员工的长期合作关系。对一般企业而言，如传统制造业，在创业之初需要投入物质资本和人力资本，但在企业产品创新品质要求较低的情况下，物质资本往往占据更多主导地位，人力资本处于从属地位。而科技型中小企业不同，企业获取市场竞争优势主要依靠创新性产品与服务，这些产品和服务的研发过程更多取决于人力资本作用的发挥，因此在两种资本的结合过程中，人力资本一定程度上占据了主导地位，这样就为人力资本产权和物质资本产权的相对平等联合提供了可能。同时，考虑到产品研发需要较长的周期，如果在此过程中有核心人才流失，则企业的创新可能会中断。因此，企业在创业初期就必须树立长期合作的思想，对核心人才的人力资本产权进行确认，对初始研发过程中可能面临的风险采取有效的规避措施，从而为核心员工提供较好的工作保障。在产品研发取得突破后，需要对人力资本的收益权及时兑现，通过分享企业利润，使核心员工产生持久合作的动力。此外，股权激励是对科技人员进行长期激励的"金手铐"，科技型中小企业可以通过技术入股的方式让核心人员分享企业红利，这样可以直接体现人力资本产权的价值及其收益权的实现，也为物质资本和人力资本的长期合作提供了产权基础。

在科技型中小企业合作型劳动关系的构建中，以产权为纽带的合作关系为雇佣双方的持久深度合作提供了现实可行性。如前所述，产权是以所有权为核心，包括占有权、使用权、支配权和收益权在内的一系列权利束。过去劳资冲突产生的根源就在于物质资本产权和人力资本产权的不平等性。由于人力资本产权难以确认和量化，以及劳动力资源在市场上的相对富余性，物质资本产权占据主导地位，两种产权缺乏合作所需的相对均衡性。而科技型中小企业需要依靠创新获得生存和发展，与大型高新技术企业相比，在创业初期的发展劣势尤为明显，而高层次人力资本是企业取得突破的关键性稀缺资源，因此，人力资本的地位显著上升。在此情况下，对人力资本产权所包含的各项权利应该及时确认，尤其是要对人力资本的价值含量进行准确评估和测量，从而为其收益权的实现提供公平的依据，同时，对物质资本产权的价值和收益也需要进行准确评估和确定，这正是两种资本合作的产权基础。在合作的过程中，还必须考虑人力资本产权的特性，通过采用权变式人力资源管理策略，激发核心人才的内驱力，对合作中遇到的障碍及时进行化解和排除，从而维持和提高双方合作的效果。

总之，人力资本地位的提升为科技型中小企业构建合作型劳动关系从理论上提供了产权基础，而真正意义上的合作型劳动关系的构建必须平衡雇佣双方的力量和利益关系，实现双方的共赢。同时，在科技型中小企业内部，除了进行研发工作的核心员工外，关键销售人员、管理人员、生产人员、技术咨询与服务人员也是企业得以高效运行的基础和保障。此部分侧重以关键研发人员为例，就合作型劳动关系构建的产权基础进行分析，但科技型中小企业合作型劳动关系的构建需要统筹各类员工的人力资本产权特点和利益诉求，这样才能提升合作的整体水平和最终的合作效果。

3.4 科技型中小企业合作型劳动关系的内容构成

关于合作型劳动关系所包含的内容，国外学者从不同视角进行了深入研究，并对合作的途径和最终的受益群体进行了探讨。Osterman 和 Kochan（1994）提出，要构建合作伙伴关系，必须整合雇主和雇员的利益，围绕如何构建"互利企业"的目标，在战略层、职能层和实践层三个层次有所作为。[①] 本节以上述三个层次的合作内容为基础，结合我国科技型中小企业所处的发展阶段和特点，从理论上提出科技型中小企业构建合作型劳动关系应该包含的内容，为下一章进行实证分析及后续研究提供铺垫。

3.4.1 组织战略层面的内容

合作型劳动关系的建立需要从企业和员工长期合作共赢的视角，探讨双方合作的模式，而双方长期利益的维护需要企业在重要决策的制定过程中平衡雇佣双方各自的发言权。过去，在企业治理层面，由于管理层单方主导，劳方的利益在企业决策中难以得到切实维护。而合作型劳动关系的建立要求员工或其代表能够参与企业战略的制定及重大组织变革的决策，形成劳动关系相关主体对企业进行联合治理的结构和制度。从我国科技型中小企业目前的实际情况看，这个层面的内容大致包含以下几个方面。

---

① Kochan T, Osterman P. Mutual gains bargaining [M]. Boston: Harvard Business School Press, 1994.

一是战略参与。科技型中小企业是以创新和质量为生存和发展手段的经济实体,科技产品的创新是一个长期的过程,并且存在一定的风险和不确定性,而科技研发人才在这一过程中发挥主导作用。因此,企业在重大战略的制定过程中,应充分吸收和采纳关键人才的意见及建议,就企业的战略重点、主要投资方向、存在的优势与不足、创新成功的概率和失败的风险,以及需重点突破的领域等进行充分沟通,高层管理者在此基础上综合分析企业面临的内部和外部环境,制定企业战略目标,从而确保战略的前瞻性与科学性。

二是员工持股与利润分享。人力资本收益权的实现要求员工不仅要获得工资,而且能够分享企业利润。科技型中小企业的核心员工属于人力资本价值含量较高的知识密集型群体,与物质资本不同,人力资本价值的认定本身比较模糊和抽象。因此,从长期合作的角度出发,企业应该通过显性化的方式,如科技入股、赠予股票、低价认购股票等明确核心员工在企业的产权价值,从而为其分享企业利润提供依据。雇佣双方应该在组织战略层面就这一问题达成共识,通过平衡物质资本产权和人力资本产权的利益关系,成为企业发展的利益共同体,促进深度合作。

三是工作保障性。合作型劳动关系的建立要求企业为员工提供充分的工作保证,在企业发展面临不利的外部环境,及企业的生产能力和盈利能力降低时,员工不会被随意解雇。科技型中小企业在发展过程中很容易受外部力量的冲击,包括技术波动和市场需求波动,从而对员工雇佣的稳定性造成不利影响。Buchele 和 Christiansen(2001)的研究认为,由于缩减规模、经营失败、从外部获得资源而不再自己组织生产以及工厂关闭等,企业的就业机会也会随之减少,面对这一趋势,企业的核心技术员工比一般员工有着更高的恐惧感。[①] 因此,在组织战略层面,雇佣双方应该就如何保障员工工作的安全性进行充分协商与沟通,对企业发展过程中可能面临的风险进行科学预测,并共同制定风险发生时可采取的工作安全措施。当然,这里的安全性与保障性是从企业长期发展需要稳定的核心竞争力的角度来讲的,注重的是维持核心员工的总体工作安全,并不是为所有员工提供"铁饭碗",对不符合企业发展要求且经过转岗和培训也无法胜任工作岗位的员工,建立动态化淘汰机制也是完全有必要的。

作为合作型劳动关系构建的一个重要方面,组织战略层面的合作是在企业高层管理者的主持下,员工代表或其组织(如工会)共同参与企业重要战略决策的过程。决策制定的范围集中在与员工利益密切相关的目标选择、工作保障与利润分享等方面,参与的形式主要通过董事会、监事会、劳资委员会等机构进行。组织层面的合作可以看作雇佣双方的交换过程,一方面,雇员要认可雇

---

① Buchele R, Christiansen J. Industrial relations and productivity growth: A comparative perspective [J]. International Contributions to Labor Studies, 2001, 2: 77 - 97.

主的指挥和领导权力;另一方面,雇员可以通过民主方式参与制定实施权力的规则;[①] 同时,合作的过程也是双方承担连带责任的过程,从而对双方形成有效的激励与约束机制。

3.4.2 人力资源管理职能层面的内容

雇佣双方要建立长期合作关系,除了要从组织战略层面对双方合作的重大事项进行沟通协商外,还需要从人力资源管理职能层面为雇佣双方的长期深度合作提供相关的制度保障,以正确引导双方的合作行为。具体来讲,人力资源管理职能层面的合作内容包括如下几个方面。

一是薪酬满意度。在科技型中小企业的发展过程中,企业和员工都会面临不确定的风险,在企业的创业初期表现尤为明显。因此,为了形成企业的核心竞争力,减小市场需求波动和技术波动对员工待遇造成的冲击,实现企业长期发展,在企业的薪酬体系中,应该有一部分保持相对稳定性,从而规避企业发展过程中面临的过高风险。在此基础上,具有激励性的权变式薪酬则是引导员工合作行为的重要推动力。针对科技型中小企业的特点,权变式薪酬一方面需要考虑员工的技术水平与能力状况,通过实行技术与能力工资制度,激励员工提高自身的技能和知识,对其学习新的知识和技能进行补偿,从而提高企业的灵活性和适应性;另一方面,考虑到企业的核心业务主要通过团队形式进行的特点,需要以企业和团队绩效为基础实行绩效薪酬制度,以促进团队成员之间的相互合作和团队内部的信息共享。此外,为实现雇佣双方的长期合作,形成利益共同体,权变式薪酬还包含收益共享、股票期权、员工持股计划、利润分享等形式。尽管在组织战略层面已经就这些问题从宏观上达成了共识,但在权变式薪酬体系中需要从操作层面上确定其具体的分配规则和分配形式。对于科技型中小企业内部的核心员工,可以在基本社会保险的基础上,实行补充养老保险和补充医疗保险等长期激励措施,以维持雇佣双方的长期合作。

二是员工培训与职业生涯发展。在科技型中小企业持续创新的过程中,核心的研发和设计人才,以及关键管理人才和销售人才是推动企业发展的主力军。对这些核心人才的培训投资成为实现企业持续创新的助推器。可通过开展前沿性科技知识培训,帮助研发人才及时敏锐地把握所在领域的前沿发展动态,将最新研究成果融入企业科技产品的开发中,从而提高产品引领和主导市场的能力。同样,对于关键销售人才,可以通过培训不断提高其销售技能,以及市场的调查与分析能力,帮助其及时把握市场需求变化情况,通过有效的反馈渠道,形成动态

---

① 青木昌彦. 企业的合作博弈理论 [M]. 9版. 郑江淮,李鹏飞,谢志斌,等,译. 北京:中国人民大学出版社,2005.

化的研发、生产与销售联动机制，增强企业在市场上的主动性。通过员工培训，帮助员工在组织内部更好地实现其职业目标。组织可以为员工设置合理的职业发展通道，使员工有公平的职业轮换和晋升机会，帮助员工合理设定职业目标和职业理想，增加员工对组织的信赖感和忠诚度。这样做有利于员工与企业形成长期合作关系，结成利益共同体。

三是员工健康与安全。创新是科技型中小企业生存和发展的主要手段，但创新的最终结果具有不确定性，导致核心员工在企业创新中往往会面临较大的工作强度和工作压力。如果企业缺乏舒缓员工压力的有效机制，员工在工作中会处于受压抑的精神状态，进而影响其工作效率和创新活力，降低其工作生活质量。因此，企业应该持续关注员工的身心健康状况，在对企业创新过程中可能面临的风险进行评估的基础上，给予员工较为充裕的创新时间和较大的创新空间；通过建立有效的沟通机制，及时化解和排除员工工作中面临的阻力；同时对员工的工作、生活平衡问题予以关注，让员工在相对自由的空间和轻松的氛围中从事创新性工作。

3.4.3　工作场所实践层面的内容

在工作场所实践层面，合作型劳动关系的构建侧重于雇佣双方的具体合作形式与合作内容。基于科技型中小企业的特点，雇佣双方在工作场所实践层面的合作内容包括以下几个方面。

一是工作团队问题。由于科技型中小企业在创新过程中需要不同成员围绕目标相互合作，因此，作为构建合作型劳动关系的一项重要内容，这里所讲的团队不同于传统官僚主义式的管理模式，而更加强调工作过程中员工的直接互动和参与。团队成员应该对团队目标有清晰的认识，具有较高水平的协调能力以及一定程度的自我管理能力，以此增强团队成员对团队及组织目标的承诺度，及其对最终成果的感知度。团队形式可以充分利用每个团队成员的知识和技能，组织可以授权团队成员基于工作本身的信息进行自主决策，通过成员之间的优势互补和集思广益提高决策质量。团队形式使组织结构呈现出扁平化的趋势，降低了传统控制方式中管理层与员工的地位差异，减少了双方的隔阂，通过团队成员的价值共识及其生成的规则体系进行的自我控制替代了传统的层级式的监督控制，使信息的传递更为及时和高效，有利于雇佣双方合作行为的实施。

二是协商沟通。在传统劳动关系中，集体谈判被视为一种双头垄断，劳动关系双方都试图从企业总的"蛋糕"中争取到更大的部分，而不是致力于将总的"蛋糕"做大，因此，劳资双方的利益呈现出此消彼长的状态，最后的结果往往是零和博弈。在合作型劳动关系的构建中，雇佣双方的沟通协商可以从两个层次进行。第一个层次是企业管理层与工会基于双方共赢的目标，利用问题解决的协商方式，就企业战略层面的问题，如企业的战略重点、投资领域、股东回报、报酬战略和利润分享等进行协商，形成长期协议。在协商过程中，双方应该进行准确的信息交换，挖掘双方的潜在利益，从战略层面上为双方合作奠定基础。第二个层次是工作过程中上下级之间的持续沟通。如前所述，科技型中小企业大多以团队形式开展创新性工作，在企业实现绩效目标的过程中，员工甚至团队往往会遇到各种困难和障碍，上下级通过充分利用各种正式和非正式沟通方式，可以帮助员工及时解决遇到的困难，确保绩效目标的实现。同时，在一个周期的绩效目标完成后，通过沟通与反馈机制，有利于新的周期中绩效的持续改进与提高。

三是信息共享。在传统的企业管理中，由于管理权限高度集中，众多决策往往由企业高层做出。员工由于在组织中所处的地位较低，决策和管理权限较少，掌握的信息非常有限，或者组织只给员工提供工作所需的信息。而在科技型中小企业内部，许多核心工作需要以团队形式进行，组织必须赋予团队更多自主决策权，实行自我管理和自我控制。为了提高自主决策的质量，企业需要为员工和团队提供大量的信息。如研发团队，除了需要掌握最新科技发展前沿动态信息，还需要敏锐把握市场需求信息、客户反馈信息、组织能提供的资金支持信息等，确保产品和服务在市场上处于领先地位。同样，对于财务和销售等部门，也需要获取全方位信息，这样才能帮助其把握企业发展全局，做出科学决策。因此，组织内部的信息共享，有利于提高管理层与员工之间的信任与合作水平，提高员工和团队的自我决策与管理能力，使员工成为能够自我识别工作中产生的问题并提出解决办法的专家，提升其在企业战略决策中的参与能力。

以上三个层次、九个方面的内容如图 3.1 所示。三个层面的内容具有明确的层次性和递进性，相互作用，相互支撑，共同构建了完善的劳动关系合作系统。其中，组织战略层面位于整个合作系统的外围，对其他层面的合作内容具有牵引和指导作用；人力资源管理职能层面位于合作系统的中部，成为连接战略层面和工作场所实践层面的中枢；工作场所实践层面是整个系统的内核，对雇佣双方的合作行为具有直接的导向作用。

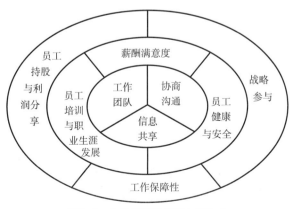

图 3.1　合作型劳动关系内容构成

3.5 本章小结

伴随着社会生产方式、劳资双方力量对比以及政治和法律的发展变化，劳动关系形态在不断演化，冲突型劳动关系、对峙型劳动关系、协调型劳动关系和合作型劳动关系是迄今为止产生的四种劳动关系形态，呈现出劳资冲突由强到弱的发展趋势，致力于实现合作共赢的合作型劳动关系成为劳动关系发展的最佳形态。现阶段，科技型中小企业劳动关系有其自身的特性，包括分层化、短期化、超组织化、复杂化以及冲突的隐性化，雇佣双方充分信任的合作关系远未建立。科技型中小企业自身的特性与构建合作型劳动关系所需的条件具有较强的契合性，因此，合作型劳动关系应该成为科技型中小企业劳动关系形态的目标定位。

从产权角度分析，建立合作型劳动关系的基本前提是将物质资本产权和人力资本产权放到相对平等的地位。科技型中小企业需要依靠创新获得生存和发展，高层次人力资本作为推动企业发展的关键性稀缺资源，在企业的地位明显提高。这一显著特点为物质资本和人力资本平等合作奠定了产权基础，也为构建合作型劳动关系提供了现实可行性。

科技型中小企业构建合作型劳动关系必须从三个层面明确其内容构成。在组织战略层面，包含战略参与、员工持股与利润分享、工作保障性三个方面；在人力资源管理职能层面，包含薪酬满意度、员工培训与职业生涯发展、员工健康与安全三个方面；在工作场所实践层面，包含工作团队、协商沟通、信息共享三个方面。以上内容是下一章对科技型中小企业劳动关系状况进行实证研究的基本依据。

第 4 章
科技型中小企业劳动关系状况的实证研究

为进一步深入了解我国科技型中小企业劳动关系的现实状况,在前一章理论分析的基础上,结合构建合作型劳动关系的内容构成,笔者采用问卷调查方式对我国 3 个省(直辖市)38 家科技型中小企业的 547 名员工进行了定性和定量相结合的调研,同时对部分企业管理层、人力资源管理部门负责人及员工进行了深度访谈。本章在这些调研和访谈的基础上,就我国科技型中小企业构建合作型劳动关系的现实状况及存在的问题从定性和定量角度进行深入分析与探讨。

4.1 调研方案设计

4.1.1 调查目的与内容

在前一章理论探析的基础上,调查研究的目的在于,通过选择调查样本,深入了解科技型中小企业构建合作型劳动关系的现实状况,发现企业在构建合作型劳动关系过程中面临的主要问题与障碍,揭示其深层次原因,把握劳动关系发展的最新动向,为本书后续研究奠定基础。受调查费用所限,开展全面调查不具有可行性,为了确保调查数据的真实性、可靠性,在调查过程中,采用典型抽样调查方式,选择了科技型中小企业中具有代表性的不同地区、不同行业、不同类型的企业中不同工作岗位的员工作为调查对象,尽可能将调查样本的代表性误差控制在允许的范围内。同时,调查样本按照随机原则进行抽取,最大限度排除主观因素干扰,保证通过样本推断出的总体结论具有客观性。

根据以上调查目的,结合上一章关于合作型劳动关系的内容构成,本次调查研究的内容共分为以下三部分。

第一部分：调查对象及其所在企业的基本情况。这一部分包含调查对象的性别、年龄、学历、工作年限，所在企业所属的行业、企业性质、员工规模，以及调查对象所在岗位的性质和岗位等级。之所以这样划分，是为了体现调查研究的全面性、科学性和层次性，确保调查样本涵盖不同类型的科技型中小企业以及企业内部不同的员工群体。

第二部分：科技型中小企业劳动关系状况。作为调查研究的核心内容，本部分以构建合作型劳动关系内容中提出的三个层次九个方面为主线，详细掌握调查对象在战略参与、员工持股与利润分享、工作保障性、薪酬满意度、员工培训与职业生涯发展、员工健康与安全、工作团队、协商沟通、信息共享方面的状况，全面系统地研究科技型中小企业劳动关系的现实状况。

第三部分：劳动关系总体满意度与改进建议。这一部分通过让调查对象综合分析劳动关系整体状况，对雇佣双方合作的总体满意度进行评价，这一评价结果是本章实证研究的被解释变量。在此基础上，就如何改进和完善雇佣双方的合作提出建议。

4.1.2 调查范围与方式

为了确保调查样本的代表性和可获得性，在调查费用和调查时间允许的范围内，笔者选择了北京、浙江和山西的部分科技型中小企业作为调查对象。之所以选择这三地作为调查范围，主要基于以下考虑：北京作为我国首都，是全国的文化中心和科技创新中心，教育和科技发达，知名高校和科研机构云集，以中关村高科技产业群为代表，北京市产业结构正逐渐迈向高端化，科技型中小企业的发展势头异常迅猛，发展水平和发展层次均处于国内较高水平；浙江作为我国东部发达地区，民营经济占有较大比重，以电子商务为代表的新型商业模式正引领全球商业变革，近些年政府连续出台了一系列政策加大科技型中小企业的发展力度，省会杭州也被称为"创新活力之城"，本次调查主要选择杭州、宁波两个城市中部分具有代表性的科技型中小企业作为调查对象；山西属于中部经济欠发达地区，一直以来以煤炭产业一枝独大，近几年受宏观经济环境的影响，经济下行压力持续加大。面对经济发展面临的困境，山西正在进行资源型地区转型发展的探索，近些年依托山西转型综改示范区和其他经济开发区，培育了一部分科技型中小企业，并呈现出良好的发展势头。总体来看，北京和浙江代表了经济发达地区，山西代表了经济欠发达地区，这样可以保证所收集的信息具有较好的代表性。

在具体调查过程中，笔者采用典型抽样的方式分别在北京市选取了 12 个企业、浙江省选取了 11 个企业、山西省选取了 15 个企业进行相关调查。调查企业涵盖了科技型中小企业的主要类型,调查对象包含了企业内部不同岗位性质和等级的员工,用以考察不同类型科技型中小企业劳动关系的差异性,以及不同员工对雇佣双方合作状况总体满意度的差异性。

为了全面深入地了解我国科技型中小企业构建合作型劳动关系的现实状况,充分体现调查样本的代表性,笔者首先进行了一定规模的问卷调查,从构建合作型劳动关系的各个方面详细收集了有关信息。同时,为了对一些个性化的情况加以把握,对影响合作型劳动关系构建的深层次问题进行深入分析,笔者选择了部分企业管理层和员工进行了深度访谈。

本次问卷调查根据合作型劳动关系的内容构成,笔者自行设计了《科技型中小企业劳动关系状况调查问卷》(见本书附录 A),具体调查指标详见 4.1.3 部分内容。

深度访谈的对象为企业管理层代表和部分员工。其中,企业管理层代表包括企业高层负责人或人力资源部门负责人。为了能够围绕调查目的展开访谈,确保访谈取得良好效果,在对企业管理层实施访谈前,笔者拟定了相应的访谈提纲(见本书附录 B),内容包含以下几部分:①企业概况;②企业的战略定位;③企业发展面临的主要困境;④企业员工队伍总量和结构情况;⑤企业员工管理政策;⑥员工工作态度、工作行为与工作绩效情况;⑦员工流动情况及其面临的风险。由于对员工已经进行了问卷调查,因此对部分员工的访谈采取了非结构化方式,主要针对问卷调查中需要补充和澄清的信息进行进一步了解。

4.1.3 调查指标设计

根据调查目的和研究内容,在充分借鉴国内外相关研究的基础上,笔者初步拟定了调查指标体系,然后邀请部分企业管理人员、专家学者对初步拟定的指标体系进行打分和筛选,在两次试调查的基础上,经过反复修改,确定了最终的指标体系。

具体来讲,该指标体系共包含三个层次、九个方面的问题,相应的一级指标包含 3 个,分别是组织战略、人力资源管理职能、工作场所实践三个层面的合作情况;二级指标包含 9 个,即战略参与、员工持股与利润分享、工作保障性、薪酬满意度、员工培训与职业生涯发展、员工健康与安全、工作团队、协商沟通、信息共享;三级指标共 34 个,分别对以上九个方面包含的具体内容进行设置。科技型中小企业劳动关系状况指标分布情况如表 4.1 所示。

表 4.1　科技型中小企业劳动关系状况指标分布情况

一级指标	二级指标	三级指标
组织战略层面的合作情况	战略参与	是否参加工会
		工会的主要职能
		企业是否建立职工董事和监事制度
		企业重大决策的员工参与情况
		企业重要决策的职工董事和监事、工会参与程度
	员工持股与利润分享	企业是否建立员工持股或股权激励制度
		员工持股或股权激励的形式
		员工收入水平和企业利润同步程度
		企业激励政策的长期激励效果
	工作保障性	是否与企业签订了劳动合同
		与企业签订的劳动合同的类型
		企业经营遇到困难时失去工作的风险程度
		企业技术和管理创新对工作稳定性的影响程度
人力资源管理职能层面的合作情况	薪酬满意度	收入是否具有保障性
		基本薪酬反映员工技术和能力水平情况
		浮动薪酬反映团队和个人绩效状况
		企业是否建立了工资集体协商制度
		企业是否参加了补充保险或为员工购买了商业保险
	员工培训与职业生涯发展	企业是否建立了完善的培训制度
		培训所需经费的来源
		培训内容反映员工培训需求的程度
		培训效果的满意程度
		企业是否为员工提供了职业发展机会和通道
	员工健康与安全	每周在企业的加班时间
		企业是否为员工提供定期身体检查
		员工工作压力来自哪些方面
		工作对个人生活的影响

续表

一级指标	二级指标	三级指标
工作场所实践层面的合作情况	工作团队	工作团队自我管理和决策的权力
		团队成员协调合作程度
	协商沟通	上下级之间的沟通频率
		上下级之间的沟通渠道
		上级对下级的反馈情况
	信息共享	企业为员工提供的信息量大小
		企业提供的信息对员工的帮助程度

根据上述指标体系，笔者自行设计了调查研究使用的问卷，即《科技型中小企业劳动关系状况调查问卷》（见本书附录A）。调查问卷共45个问题，主要包括三部分内容：第一部分是调查对象及其所在企业的基本情况，内容涉及调查对象的性别、年龄、学历、工作年限，所在企业所属的行业、企业性质、员工规模，以及调查对象所在岗位的性质和岗位等级；第二部分是问卷的核心，主要以调查对象及其所在企业劳动关系状况为主线，全面了解科技型中小企业合作型劳动关系的构建情况，为此，笔者根据上述三级指标分别设计了相应的问题，每个指标对应一个问题，共34个问题；第三部分要求调查对象综合考虑劳动关系各个方面，对雇佣双方合作的总体满意度进行评价，并将这一评价结果作为本章实证研究的被解释变量。在此基础上，采用开放式问题让被调查对象就雇佣双方的合作提出改进建议。

4.1.4　问卷发放与回收

在调查问卷和调查样本企业确定后，笔者于2016年9月至2016年11月，赴上述三个省（直辖市）的38个企业实施了问卷调查。为了确保调查样本的代表性，调查对象采取随机抽取的方式确定。考虑到部分劳动关系问题对企业和员工而言较为敏感，为消除员工顾虑，本次调查全部采用匿名形式。问卷填写采用现场手工填写方式。调查累计发放问卷723份，实际回收问卷618份，问卷回收率为85.48%；剔除信息严重缺失的无效问卷71份，实际有效问卷共547份，有效率为75.66%。问卷回收后采用Excel软件对相关数据进行了录入与统计，后续研究中将有关数据导入SPSS软件并进行了数据分析。

4.2 调研对象的基本情况

4.2.1 样本企业分布

调研样本企业共 38 个,企业行业分布、企业所有制性质和企业员工规模如下。

(1) 企业行业分布

依据本书对科技型中小企业的界定,调研企业涉及电子与信息、生物与医药、新能源与新材料、资源与环境、高技术服务、光机电一体化等不同行业,具体数量和所占比例如表4.2和图4.1所示。

表4.2 调研企业的行业

行业类别	样本数量/个	所占比例/%
电子与信息	10	26.3
生物与医药	5	13.2
新能源与新材料	4	10.5
资源与环境	8	21.1
高技术服务	9	23.7
光机电一体化	2	5.2
合计	38	100

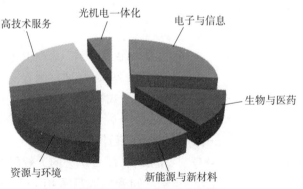

图4.1 调研企业行业分布情况

调查样本企业中,属于电子与信息、资源与环境、高技术服务的企业所占比重较大,占调查企业总量的71.1%;属于生物与医药、新能源与新材料的企业所占比重为23.7%；属于光机电一体化行业的企业比重最小，占5.2%。尽管调查企业并没有涵盖科技型中小企业涉及的所有行业，但基本反映了我国目前科技型中小企业所涉及的行业主体及其现实比例分配。

(2) 企业所有制性质分布

调研企业的所有制性质分布情况如表4.3和图4.2所示，国有及国有控股企业所占比重为21.1%；集体企业和三资企业所占比重较小，二者比重总和为15.7%；民营企业所占比重最大，达63.2%。目前我国科技型中小企业以民营企业为主，调查企业的所有制性质分布基本与现实情况吻合。

表4.3 调研企业所有制性质

企业所有制性质	样本数量/个	所占比例/%
国有及国有控股企业	8	21.1
集体企业	2	5.2
民营企业	24	63.2
三资企业	4	10.5
合计	38	100

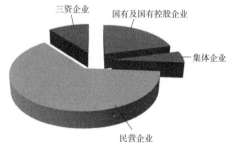

图4.2 调研企业所有制性质分布情况

(3) 企业员工规模分布

调研企业员工规模分布情况如表4.4和图4.3所示，科技型中小企业员工规模总体相对较小，其中50人以下的企业占13.2%，50~100人的企业占23.6%，101~300人的企业和300人以上的企业所占比重相同，均为31.6%。总体来看，员工数量虽然较少，但已初步达到一定规模，企业雇佣关系基本形成。

表4.4 调研企业的员工规模

员工规模	样本数量/个	所占比例/%
50人以下	5	13.2
50~100人	9	23.6
101~200人	8	21.1

续表

员工规模	样本数量/个	所占比例/%
201~300人	4	10.5
300人以上	12	31.6
合计	38	100

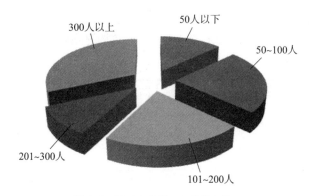

图4.3 调研企业员工规模分布情况

4.2.2 员工特征分布

在员工调查问卷中，有关调查对象的特征包括六个方面，分别是性别、年龄、学历、本企业工作年限、所在岗位的岗位性质和岗位等级。根据调查结果，在547份有效问卷中，员工特征分布情况如表4.5所示。

表4.5 员工特征分布情况

项目	类别	样本数量/人	所占比例/%
性别	男	332	60.7
	女	215	39.3
年龄	25岁以下	107	19.6
	25~35岁	301	55.0
	36~50岁	115	21.0
	50岁以上	24	4.4
学历	大专及以下	113	20.7
	大学本科	328	60.0
	硕士及以上	106	19.3

续表

项目	类别	样本数量/人	所占比例/%
本企业工作年限	3年及以下	238	43.5
	4~6年	127	23.2
	7~10年	83	15.2
	10年以上	99	18.1
岗位性质	管理	129	23.6
	研发、设计	162	29.6
	生产、制造	70	12.8
	销售	81	14.8
	咨询、服务	72	13.2
	其他	33	6.0
岗位等级	基层管理或初级技术（技能）岗位	278	50.8
	中层管理或中级技术（技能）岗位	202	36.9
	高层管理或高级技术（技能）岗位	67	12.3

从调查对象的性别看，男性332人，占60.7%，女性215人，占39.3%，男性远多于女性，由于调查采用典型随机抽样法，说明科技型中小企业内部男性占主体；在调查对象的年龄结构方面，35岁以下的占74.6%，50岁以上的仅占4.4%，表明我国科技型中小企业由于其特殊性质，以及大部分企业处于早期发展阶段，员工以年轻群体为主；在调查对象的学历方面，大学本科学历的员工所占比重最高，占调查总量的60.0%，大专及以下与硕士及以上学历层次的员工占比大致相同，均为20.0%左右，学历层次总体相对较高；从本企业工作年限看，在本企业工作的年限在3年及以下的员工比重最高，达到被调查员工总量的43.5%，工作年限在10年以上的仅占18.1%，这种状况与我国科技型中小企业所处的发展阶段，以及员工较高的流动率密切相关；从调查对象所在岗位的岗位性质看，研发设计类最多，比例为29.6%，其次为管理类，比例为23.6%，其他类型岗位比例相对较低，基本反映了科技型中小企业内部核心业务与一般业务之间的比例关系；从调查对象所处的岗位等级看，基层管理或初级技术（技能）岗位比例最高，达到50.8%，高层管理或高级技术（技能）岗位所占比重为12.3%，这一比例基本上与科技型中小企业的岗位结构相吻合。

总体来看，调查样本具有较好的代表性，大致反映出我国现行科技型中小企业员工队伍的整体构成状况，可以基本保证通过样本推断出的结论较为客观地反映科技型中小企业总体的现实劳动关系状况，提高研究结论的准确性和可靠性。

4.3 我国科技型中小企业劳动关系状况的总体分析

基于问卷调查和深度访谈的结果，本节对我国科技型中小企业劳动关系的现状、存在的问题及其原因进行分析，从总体上把握我国科技型中小企业劳动关系的现实状况。

4.3.1 我国科技型中小企业劳动关系的现状

在调查和访谈中，为了尽可能全面准确地掌握科技型中小企业劳动关系的现实状况，调查样本涵盖了不同所有制性质、不同行业、不同岗位性质和岗位等级的员工。作为创新驱动战略下处于快速成长阶段的一类特殊企业，科技型中小企业劳动关系现状主要包括以下几个方面。

（1）员工收入水平基本稳定，薪酬长期激励效果有待进一步强化

薪酬收入是满足员工物质需求的基本手段，要形成雇佣双方的长期合作关系，企业薪酬一方面要体现员工现阶段所在岗位、技能、能力和绩效水平的差异，另一方面还要考虑其长期激励效果。从调查情况看，81.17%的员工认为自己收入的一部分具有一定的保障性；45.15%员工认为企业的基本薪酬制度基本可以或完全可以反映自身的技术与能力水平；有关"浮动薪酬收入是否可以公平地反映所在部门、团队和个人的绩效状况"的调查中，回答"一般"的占31.44%，回答"基本可以"和"完全可以"的占38.03%。这些数据表明，尽管科技型中小企业基本薪酬制度和绩效薪酬制度不尽完善，但大体可以体现员工价值和满足员工基本需求，对企业绩效的改善具有一定导向作用。

实行员工持股是企业和员工结成利益共同体、实现长期激励的主要手段。但是在所调研的企业中，实行员工持股的企业所占比例相对较低，有的企业只是对部分员工实行了持股，在547个调查对象中，持有企业股份的员工有150人，占调查员工总量的27.4%。考虑到实行员工持股的目的在于让企业和员工结成利益共同体，达到长期激励的效果，所以问卷中设计了"员工收入水平和企业利润增长的同步程度"和"企业目前的激励政策所能起到的长期激励效果"这两个问题。从回答情况看，第一个问题回答"勉强同步"的占22.67%，回答"基本同

步"和"完全同步"的共占 31.99%；第二个问题回答"一般"的占 48.45%，回答"较好"和"很好"的占 25.96%。此外，有关"企业是否参加了补充保险或为员工购买了商业保险"这一问题，在所有调查对象中，有 50.27% 的员工作出了肯定回答。由此可见，企业的长期激励政策虽然初显成效，但仍需改进和完善，以进一步强化薪酬的长期激励效果。

(2) 企业劳动用工进一步规范，员工基本权益有了一定的法律保障

随着 2007 年《劳动合同法》的出台并于 2008 年开始实施，以及 2012 年就劳务派遣问题进行的修改，我国科技型中小企业的劳动用工形式进一步规范。调查结果显示，有 487 人与企业（或派遣单位）签订了劳动合同，占调查总人数的 89.03%。就不同所有制性质的企业而言，劳动合同签订率存在一定的差异，如图 4.4 所示。其中，三资企业劳动合同签订率最高，达 97.14%；其次是国有及国有控股企业和集体企业，均为 90% 左右；民营企业最低，签订率为 87.64%。当然，仅仅从以上调查数据不能完全准确推断不同所有制企业劳动合同的签订率。如三资企业之所以占比最高，一方面是由于现实中三资企业劳动合同签订率高于其他类型企业，另一方面也与本次调查的样本数量有关。本次调查的 38 个科技型中小企业中只有 4 家属于三资企业，样本数量较少，可能会造成一定误差。而民营企业占到了本次调研企业总量的 63.2%，但劳动合同签订率只有 87.64%，说明民营企业在劳动合同制度的执行中依然存在一定问题。此外，根据访谈情况得知，少部分国有及国有控股企业员工之所以未与企业签订劳动合同，主要是由部分国有科研事业单位在转企改制过程中人事制度改革滞后造成的。

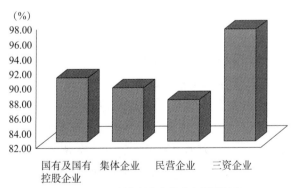

图 4.4　不同所有制企业劳动合同签订率

从员工和企业（或派遣单位）签订的劳动合同类型看，有 75.56% 的员工签订了固定期限劳动合同，20.12% 的员工签订了无固定期限劳动合同，4.32% 的员工签订了以完成一定工作任务为期限的劳动合同。从雇佣关系灵活化的角度看，如果签订固定期限劳动合同特别是以完成一定工作任务为期限的劳动合同，企业在用人过程中就具有相对较高的弹性。而无固定期限劳动合同虽然灵活度较

低，但有利于保障员工工作的稳定性，促进雇佣双方的长期深度合作。目前，我国科技型中小企业与员工签订的劳动合同以固定期限劳动合同为主，主要与我国科技型中小企业发展的历程较短有关。

(3) 员工培训制度逐步完善，培训效果显著提升

由于创新是科技型中小企业的基本特性，所以企业普遍重视员工培训与职业生涯发展。调查数据显示，62.16%的员工认为企业建立了较为完善的培训制度。关于员工培训所需经费的来源，72.76%的员工回答"全部来自企业"。在企业培训过程中，培训内容是否能够反映员工不同发展阶段的不同培训需求，直接影响培训的最终效果。就培训内容而言，38.75%的员工认为培训内容基本可以或完全可以反映其在不同发展阶段的培训需求，33.82%的员工认为一般。关于培训效果，60.88%的员工认为基本满意，21.93%的员工认为比较满意和很满意。通过以上数据可以看出，企业在员工培训方面基本建立了相对完善的制度，并且大多数企业为员工培训提供了经费保障。在培训内容上需进一步加强针对性，更准确地反映不同员工在不同发展阶段的培训需求，使培训效果的显著性进一步增强。

培训在提高员工知识、技能和能力，促进企业绩效改善的同时，也有利于员工在组织内部的职业发展。要形成雇主和雇员的长期合作关系，雇主需要为不同类别的雇员在不同发展阶段提供差异化的职业发展机会和职业发展通道，这也是对员工形成长期激励的重要手段。本次调查中，64.9%的员工认为企业在这方面可以满足其需求，反映出企业对员工职业发展的重视程度。

(4) 企业内部工作团队平稳运行，沟通反馈效果良好

工作团队作为科技型中小企业核心业务的主要运行形式，是科技型中小企业构建合作型劳动关系的重要一环。团队的有效运行需要企业授予团队自我管理和自我决策的权利，以及团队内部成员之间进行有效的协调合作。本次调研中，42.23%的员工认为自己所在的工作团队具有中等程度的自我管理和决策权利，25.6%的员工认为具有较高程度和完全程度的自我管理和决策权利。在团队成员的协调合作方面，44.97%的员工认为协调合作程度较高或很高，37.48%的员工认为协调合作程度一般。这些数据反映出大多数科技型中小企业对工作团队是较为重视的，如果在团队授权和成员协调合作方面加大力度，可以进一步发挥团队的优势，提高团队的产出效益。

在雇佣双方合作过程中，有效的沟通反馈是双方进行信息传递、提高合作效率的重要途径。调查中，关于上级管理者和员工之间的沟通频率，回答一般及以上的占79.16%，其中沟通频率较高和很高的占42.96%。一个绩效周期结束后，上级管理者对绩效情况反馈的调查中，有时反馈的占32.72%，经常反馈和每次反馈的占35.64%。这些数据表明，大多数科技型中小企业建立了沟通反馈机制，

并且得到了较好的执行,一定程度上促进了合作效率的提升。此外,沟通反馈的渠道既包含正式渠道也包含非正式渠道,这种多样化和开放化的沟通非常有利于沟通目标的达成。不同沟通渠道使用情况如图 4.5 所示(由于被调查对象可选择多项,因此不同渠道所占百分比总和大于 100%)。

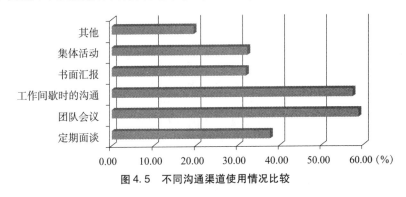

图 4.5　不同沟通渠道使用情况比较

4.3.2　我国科技型中小企业劳动关系存在的主要问题

(1) 员工缺乏战略参与,合作水平和合作层次偏低

合作型劳动关系的构建需要从企业治理层面形成雇主和雇员共同治理的格局,在企业重大战略决策中兼顾双方的利益。但从调查情况看,我国科技型中小企业在这方面存在较大的问题。其中,对于"所在企业是否建立了职工董事和监事制度"这一问题,只有 33.64% 的员工作出了肯定回答,其余为否定回答和不清楚。而对于"在企业做出重大决策前,会不会充分征求员工意见"这一问题,回答"不会"或"偶尔会"的比例占到 56.67%。对于"企业做出重要决策时,职工董事和职工监事,以及工会负责人的参与程度"这一问题,回答"不参与"和"偶尔参与"的占 52.65%,回答"一定参与"的只占 12.07%。如前所述,传统劳动关系中劳动纠纷的处理更多靠事后补救,而合作型劳动关系则强调通过事前员工直接参与企业战略决策,实现雇佣双方利益的相互平衡,从而尽可能避免矛盾和冲突的发生。我国科技型中小企业在这一问题上存在的弊病,直接影响了雇佣双方后续合作的层次与水平,也为双方顺利合作埋下了隐患。

(2) 员工工作的稳定程度较低,长期互信关系难以建立

科技型中小企业持续创新的特性决定了企业失败的风险相对较高,这势必会影响员工工作的稳定性;但是,企业核心竞争力的形成需要培养一支稳定的核心人才队伍。企业要实现可持续发展必须在以上两者之间寻求一种相对平衡。从调查结果看,当问到"如果所在企业经营过程中遇到风险,您在本企业失去工作的风险程度"时,回答"一般"的占 42.23%,回答"较低"或"没有风险"的占

25.41%。因此,就员工整体而言,企业经营过程中遇到的风险对其工作稳定性造成的影响属于中等程度。

考虑到科技型中小企业的特点,技术创新和管理创新是提升企业市场竞争力的重要砝码。因此,笔者对企业技术和管理创新对员工工作稳定性造成的影响进行了调查,其中回答"影响很大"和"影响较大"的占44.24%,回答"一般"的占40.59%,回答"影响较小"或"没有影响"的仅占15.17%。这些调查数据反映出企业技术创新和管理创新对员工工作稳定性可能会造成较大冲击。这种冲击一方面会在企业内部形成优胜劣汰的竞争机制,另一方面也影响了企业内部员工队伍的稳定性,不利于雇佣双方建立长期互信的合作关系。

此外,笔者在调研和访谈中发现,我国现行科技型中小企业尤其是民营企业和三资企业中存在大量"项目驱动型"组织。很多企业出于降低成本的考虑,其雇佣策略倾向于"一次性雇佣",即当企业启动新的项目时就雇佣一批员工组成临时项目小组,任务完成后项目小组随即解散,员工也同时被解雇,导致部分员工在不同企业之间流动比较频繁,工作的保障程度相对较低。许多民营科技型中小企业劳动合同签订率之所以比较低,也与这一因素有很大关系。

(3)员工工作压力较大,工作生活质量水平一般

近些年,受国家政策的支持和鼓励,科技型中小企业数量增加较快,企业之间的竞争也日趋激烈,加之科技型中小企业持续创新的要求较高,员工的工作强度和工作压力也相对较大。此次调研中,关于"员工每周在企业的加班时间"这一问题,被调查者回答情况如图4.6所示。其中,每周加班在8小时以上的占42.96%,不需要加班的仅占17.92%,说明对于科技型中小企业的大多数员工而言,加班已成为一种常态。员工工作时间过长,势必会影响员工的身心健康,而对于"企业是否为员工提供定期身体检查"这一问题,只有57.77%的员工作出了肯定回答。

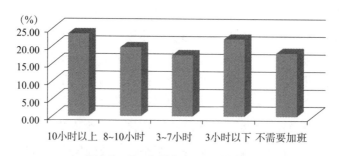

图4.6 员工每周在企业加班的情况

针对科技型中小企业的特点,为了进一步明确员工压力的主要来源,调研中分别从研发创新、技术变革、管理创新、工作绩效和其他等方面进行了信息收集,相应的调查数据如图4.7所示(由于被调查对象可选择多项,因此不同来源

所占百分比总和大于100%）。在五种压力来源中，工作绩效所占比重最高，达到55.58%；其次是研发创新，占35.28%；技术变革和管理创新比重基本相当，均为20%左右。这些数据表明，在绝大多数科技型中小企业中，绩效导向十分明显，员工自身绩效水平对其收入、晋升等切身利益影响较大。此外，由于被调查者涵盖了科技型中小企业内部的不同群体，他们的工作性质各不相同，导致了员工工作压力的来源相对分散和多样化。

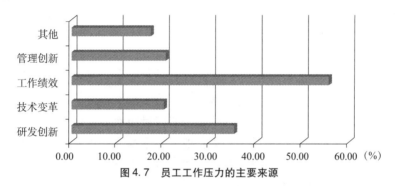

图4.7 员工工作压力的主要来源

员工的工作压力一定程度上会降低员工的工作生活质量，影响工作和家庭生活的平衡。调研中也就这一问题通过调查问卷进行了数据收集，其中39.12%的员工认为工作对其家庭生活和休闲娱乐影响很大或影响较大，只有23.95%的员工认为影响较小或没有影响。以上数据表明，科技型中小企业应该适当降低员工的工作强度，舒缓员工的工作压力，通过提高员工的工作生活质量，促进雇佣双方更加愉悦地合作，提高企业长期激励的效果。

（4）员工掌握信息的数量和质量有限，信息共享还不充分

科技型中小企业许多核心业务需要以团队形式开展工作。工作团队的高效运行需要团队成员掌握充分的信息，以促进团队成员之间相互协调，提高团队的自我管理和自我决策能力。调查中对于"企业是否给员工提供足够信息，供员工自我管理和自我决策参考"这一问题，有36.74%的员工回答"没有提供信息"或"提供很少信息"，仅有26.15%的员工回答"提供较多的信息"或"提供大量信息"。由于员工掌握的信息数量有限，一定程度上影响了团队运行的质量和效率。

除了员工掌握信息的数量，信息的质量也是影响员工个人和团队工作效率的重要因素。判断信息质量的主要指标是企业提供的信息对员工的帮助程度。调研中就这一问题所收集的数据中，回答"帮助较大"和"帮助很大"的仅占28.70%，回答"一般"的占到45.89%，其余25.41%回答"没有帮助"或"帮助很小"。信息共享是提高雇佣双方合作效果的关键要素，企业需要从信息的数量和质量两个方面加以改进，以进一步提高信息对工作绩效的贡献度。

4.3.3 我国科技型中小企业劳动关系存在问题的深层次原因

从总体上看，由于企业和员工自身的特性，我国科技型中小企业劳动关系处于相对稳定的状态，雇佣双方的显性矛盾和冲突较少，但是部分隐性矛盾和冲突对雇佣双方建立长期互信的合作关系也会造成一定冲击。这里需要将这一问题置于一定的宏观和微观环境中加以分析，以探明这些问题产生的深层次原因。

(1) 科技型中小企业所处的竞争地位对构建合作型劳动关系的挑战

如前所述，科技型中小企业属于资本和智力密集型企业，通过核心的研发业务实现持续创新是企业生存的基本保障。但研发过程本身难度大、周期长，伴随而来的高收益和高风险成为科技型中小企业的基本特点。我国科技型中小企业面临的市场竞争异常激烈，既包含国际竞争也包含国内竞争。从国际竞争看，由于发达国家在国际分工中占据主导地位，许多处于产业链高端的产业的核心技术研发等业务都保留在了发达国家内部并获得了高额利润。而我国的原始创新能力虽然在逐年显著提升，但总体而言，我国在科技型产业的国际分工体系中还处于中低层次，自主研发能力较弱，研发活动主要集中于在外方核心研发设计基础上的二次开发，整体竞争优势主要集中在中低技术产品的生产工序上。近几年，受劳动力成本上升的影响，以及部分外商要求在国际贸易中企业必须符合国际劳工组织提出的劳工标准等要求，这一传统优势正面临较大冲击，我国科技型中小企业的利润空间进一步收缩。从国内竞争看，尽管近两年"大众创业、万众创新"战略的实施催生了众多科技型中小企业，且企业发展面临的政策环境日益宽松，但是与大型国有科研机构、实力雄厚的民营科技企业以及高等院校相比，科技型中小企业在资金、技术、人才、专利等方面存在的劣势都异常明显，甚至部分企业生存期非常短暂，利润方面的优势很难显现。

我国科技型中小企业在国际和国内竞争中处于不利地位，众多企业面临"低工资、低利润"的发展局面，且这一局面在短时间内很难改变。科技型中小企业所需的核心人才是人力资本价值含量较高的特殊群体，与劳动力市场上处于同等地位的人才相比，如果他们的薪酬水平明显偏低，会增加核心人才在不同企业之间流动的频率，降低企业人才队伍的稳定性，雇佣双方合作的动力也会明显减弱。此外，在利润水平偏低的状态下，企业基本不具备让员工分享企业利润的能力，员工很难实现自身的人力资本收益权，人力资本产权的残缺使合作型劳动关系的构建缺少了所需的产权基础。

(2) 经济下行与转型升级对构建合作型劳动关系的负面冲击

我国经济发展进入新常态后，经济由过去的高速增长转变为中高速增长。最近几年，受国内外多重因素的影响，我国经济面临的下行压力持续加大，经济转型升级成为推动中国经济可持续发展的必由之路，创新驱动发展战略正是在这一背景下提出的。科技型中小企业作为实现创新驱动发展的重要力量，其健康发展顺应了经济转型升级的内在要求，而发展的关键在于拥有一支具有创新能力的核心人才队伍，构建雇佣双方合作共赢的合作型劳动关系正是达到这一目标的基本途径。合作型劳动关系的构建包含明确的目标导向和一系列具体内容，雇佣双方合作行为的实施虽然在企业内部，但企业所处的宏观经济环境对合作目标的达成形成了外部硬约束。

近些年，我国经济发展面临的现实环境对构建和谐稳定、合作共赢的劳动关系带来了一定的负面冲击。随着《劳动合同法》的出台和实施，劳动者权益从法律层面上有了基本保障。但是受经济下行压力的影响，面对企业发展的困境，政府部门、学术界和企业界对《劳动合同法》提出的质疑不绝于耳，观点集中体现在法律对劳动者的过度保护，企业用人失去了弹性和灵活性，造成企业用人成本居高不下，市场竞争优势逐步丧失。① 从 2016 年开始的供给侧结构性改革，其中一项重要内容就是通过在部分传统行业去产能和降成本，实现经济结构的优化升级。② 在此过程中，部分传统行业的员工面临转岗分流和工资水平降低的客观现实。虽然国家通过一系列政策支持和鼓励科技型中小企业快速发展，科技型中小企业也不像传统产业一样面临去产能的压力，但是劳动关系运行面临的宏观环境却对雇佣双方的合作关系造成了不利影响，尤其是经济下行期劳动力市场的供求态势使雇员的工资福利在低水平状态徘徊。

（3）科技型中小企业治理结构与合作型劳动关系构建的矛盾

合作型劳动关系的构建要求企业在制定重要决策时必须平衡雇主和雇员的利益，需要从治理层面形成劳动关系相关主体进行联合治理的结构和制度，企业的重要战略决策、重大组织变革由雇佣双方协商议定。而我国科技型中小企业由于起步较晚，大多数企业还没有建立完善的现代企业制度，企业的治理仍然以出资人或其代理人单边治理为主。现阶段，我国多数科技型中小企业还没有实行员工持股制度，人力资本产权没有得到充分确认，导致雇员参与企业治理缺乏应有的产权依据，员工没有权利和机会参与企业治理。这种治理机制的缺失在一定程度上不利于雇佣双方利益的相互平衡，影响了双方的合作动力与合作效果。

考虑到现阶段我国科技型中小企业治理结构上存在的弊端，为了保障雇佣双方在合作过程中力量的相对均衡，合作型劳动关系的构建仍然离不开集体谈判、

---

① 常凯等学者则表示，现在不是要讨论是否需要废除《劳动合同法》的问题，而是要讨论如何坚决执行的问题。在经济增速放缓期间，劳动法制和劳工保护，直接关系到经济和社会的发展与安全。
② 2016 年供给侧结构性改革的任务是"三去一补一降"，即"去产能、去库存、去杠杆、降成本、补短板"。

三方协商和共同参与等劳动关系协调机制。但是在调研中我们发现，我国目前部分科技型中小企业还没有组建工会，另外有的依托所在经济园区组建了工会，有的即使组建了工会，其职能也主要集中在组织文体活动和发放职工福利等方面，真正代表员工与企业展开集体谈判的比例还比较低。在所调查的547名员工中，仅有25.59%的员工回答所在企业建立了工资集体协商制度。因此，雇佣双方制衡机制的缺失打破了双方合作过程中的相互平衡，甚至会诱发双方的机会主义行为。

（4）科技型中小企业人力资源管理模式与雇员需求之间的失衡

企业人力资源管理是一种权变管理，只有根据企业所处的内外环境、行业特点和员工需求进行动态化调整与变革，才能提高人力资源管理的产出效益。科技型中小企业以创新为生命力，其核心人才的构成有着非常鲜明的特性。知识型员工作为企业的核心人才，其工作具有较高的创造性，需要依靠自己的知识和灵感，按照个性化的工作规程，推动企业的技术进步和产品创新。这些人才是具有较高的专业知识、专业技能和创造性的稀缺人才，知识的力量促使其在与组织的关系中追求更加对等的地位，他们对职业的忠诚往往高于对某个组织的忠诚。如果组织难以满足其多层次需求，包括物质需求、个人成长机会和发展空间等，他们很容易转向其他组织寻求发展机会，而在企业的创新过程中，关键人才的流失会导致创新过程中断甚至已有的创新成果付诸东流。

为了促进雇佣双方进行长期深度合作，科技型中小企业需要在人力资源管理的观念和技术上进行变革，更加注重发挥团队的优势，通过对团队成员充分授权实现团队自主决策和自我管理，提高团队运行的质量与效率。员工的知识更新和职业发展作为增强员工竞争力、拓展发展空间的重要手段，应该成为雇佣双方长期合作的推动力。但是在调查中发现，许多科技型中小企业人力资源管理的理念与方法比较滞后，企业为员工提供的资源、信息、发展通道与待遇水平与员工的需求脱节，导致雇佣双方的信任关系难以建立，合作的基础比较脆弱，合作过程存在随时中断的风险，合作效果面临较大的不确定性。

4.4　我国科技型中小企业劳动关系状况的定量分析

以上关于科技型中小企业劳动关系的总体状况是员工个体基于自身经济利益对劳动关系状况作出判断后形成的综合反映，现实环境中处在不同行业、不同企业、不同岗位的员工，对劳动关系的评价和判断不尽相同。为了进一步考察影响合作型劳动关系构建的各个因素对雇佣双方最终合作效果的影响，本书基于实际调查获得的相关数据，利用定量研究方法对其进行深入研究，为寻求促进雇佣双方更好合作的对策建议提供借鉴和参考。

4.4.1 变量选择

由于本书研究的重点是微观层面雇佣双方的合作行为，因此，本节所作的定量分析重点考察影响合作型劳动关系效果的各个微观因素对雇佣双方最终合作效果的影响。基于这一研究目的，本书从合作型劳动关系内容构成的九个方面设置解释变量，将雇佣双方合作的总体满意程度作为被解释变量。具体而言，解释变量包括战略参与、员工持股与利润分享、工作保障性、薪酬满意度、员工培训与职业生涯发展、员工健康与安全、工作团队、协商沟通、信息共享。这些变量均为企业管理过程中组织本身可以控制的因素，并且与员工利益密切相关，通过探求这些因素对雇佣双方合作效果的影响，可以更好地提出有针对性的对策和建议，增强其现实可操作性。员工对雇佣双方合作的总体满意程度作为被解释变量，在问卷中被设定为五级有序变量，从低到高分别是"很不满意""不满意""基本满意""比较满意""很满意"。需要指出的是，对于雇佣双方合作效果的衡量，除了通过雇员对雇佣双方合作的满意程度进行评估外，还可以从其他多个维度进行，如合作行为实施后个人和组织绩效的提升，企业社会形象的改善等。考虑到其他维度的测量难度较大，且需要持续追踪数据，本书依据调查可获取的数据，选择雇员对雇佣双方合作的满意程度作为衡量合作效果的指标，并将其作为被解释变量。

作为被解释变量，员工对雇佣双方合作效果的满意程度是员工的一种主观评价，这一评价结果受员工学历、在本企业工作年限以及所处的岗位等级等因素的影响，尽管他们并不是影响雇佣双方合作效果的主要因素，本书也不重点关注这些因素对合作效果的影响，但由于他们影响到员工对合作效果的主观评价，故将这些变量作为控制变量引入模型，这样可以保证研究结果的科学性与准确性。因此，最终选定引入模型的解释变量共 12 个，其中反映企业行为的 9 个变量为本书研究的重点，其余 3 个反映员工个人背景的变量作为控制变量引入模型，但不是本书关注的重点。科技型中小企业劳动关系状况变量信息如表 4.6 所示。

表 4.6 科技型中小企业劳动关系状况变量信息

变量类型	变量名称	变量含义	选项及取值
被解释变量	总体满意度（SAT）	员工对雇佣双方合作的总体满意程度	1. 很不满意 2. 不满意 3. 基本满意 4. 比较满意 5. 很满意

续表

变量类型	变量名称	变量含义	选项及取值
解释变量	战略参与（STR）	企业在出台重大决策前征求员工意见情况	1. 不会 2. 偶尔会 3. 一般会 4. 经常会 5. 一定会
		企业进行重要决策时，职工董事和监事，以及工会负责人的参与程度	1. 不参与 2. 偶尔参与 3. 一般参与 4. 经常参与 5. 一定参与
	员工持股与利润分享（SHA）	员工收入水平和企业利润增长的同步程度	1. 不同步 2. 基本不同步 3. 勉强同步 4. 基本同步 5. 完全同步
		企业目前的激励政策所能起到的长期激励效果	1. 很差 2. 较差 3. 一般 4. 较好 5. 很好
	工作保障性（SEC）	企业遇到风险时，员工在本企业失去工作的风险程度	1. 很高 2. 较高 3. 一般 4. 较低 5. 没有风险
		企业技术和管理创新对员工工作稳定性的影响程度	1. 影响很大 2. 影响较大 3. 影响一般 4. 影响较小 5. 没有影响

续表

变量类型	变量名称	变量含义	选项及取值
解释变量	薪酬满意度（WAG）	企业目前的基本薪酬制度可以反映员工的技术与能力水平情况	1. 不可以 2. 基本不可以 3. 一般 4. 基本可以 5. 完全可以
		员工浮动薪酬收入可以公平地反映所在部门、团队或个人绩效的情况	1. 不可以 2. 基本不可以 3. 一般 4. 基本可以 5. 完全可以
	员工培训与职业生涯发展（TRA）	培训内容可以反映不同员工在不同发展阶段的培训需求情况	1. 不可以 2. 基本不可以 3. 一般 4. 基本可以 5. 完全可以
		培训结束后培训效果的满意程度	1. 很不满意 2. 不满意 3. 基本满意 4. 比较满意 5. 很满意
	员工健康与安全（HEA）	员工每周在企业的加班时间	1. 10 小时以上 2. 8~10 小时 3. 3~7 小时 4. 3 小时以下 5. 不需要加班
		工作对家庭生活和休闲娱乐的影响	1. 影响很大 2. 影响较大 3. 影响一般 4. 影响较小 5. 没有影响

续表

变量类型	变量名称	变量含义	选项及取值
解释变量	工作团队（TEA）	员工所在工作团队具有自我管理和自我决策权利的程度	1. 没有 2. 基本没有 3. 具有中等程度 4. 具有较高程度 5. 具有完全程度
		员工所在团队内部成员间的协调合作程度	1. 无法协调合作 2. 协调合作程度较低 3. 协调合作程度一般 4. 协调合作程度较高 5. 协调合作程度很高
	协商沟通（COM）	上级管理者和员工之间的沟通频率	1. 很低 2. 较低 3. 一般 4. 较高 5. 很高
		上级管理者对绩效的反馈情况	1. 没有反馈 2. 很少反馈 3. 有时反馈 4. 经常反馈 5. 每次反馈
	信息共享（INF）	企业及时为员工提供信息的数量	1. 没有提供信息 2. 提供很少信息 3. 提供的信息量一般 4. 提供较多的信息 5. 提供大量信息
		企业提供的信息对员工的帮助情况	1. 没有帮助 2. 帮助很小 3. 一般 4. 帮助较大 5. 帮助很大

续表

变量类型	变量名称	变量含义	选项及取值
控制变量	学历（EDU）	员工的文化程度	1. 大专及以下 2. 大学本科 3. 硕士研究生及以上
	工作年限（YEA）	员工在本企业的工作年限	1. 3年及以下 2. 4~6年 3. 7~10年 4. 10年以上
	岗位等级（JOB）	员工所在岗位的等级	1. 基层管理或初级技术（技能）岗位 2. 中层管理或中级技术（技能）岗位 3. 高层管理或高级技术（技能）岗位

为了准确界定所有变量的内涵并对其进行有效测度，笔者在设计调查问卷时，针对每个变量设计了相应的问题，并给出了备选项和分值。其中，对于被解释变量和控制变量，每个变量对应一个相应的问题。解释变量是本书实证研究的重点，为全面准确地反映其内涵，每个变量均设置了两个可以实现量化测量的问题。需要指出的是，尽管笔者尽可能根据每个变量的内涵来设置问题，但考虑到我国科技型中小企业的现实状况，对于某些变量选择了相应的替代指标。如员工持股与利润分享这一变量，由于现阶段我国相当一部分科技型中小企业还没有实行员工持股，如果直接用员工持股的有关指标（如股票持有期和股息收入等）进行数据收集，会造成数据的大量缺失。但考虑到员工持股的目的在于让雇主和雇员形成利益共同体，通过让雇员分享企业利润实现长期激励效果，因此笔者通过"员工收入水平和企业利润增长的同步程度""企业目前的激励政策所能起到的长期激励效果"这两个问题收集了相关信息，作为员工持股与利润分享这一变量的最终取值。

4.4.2 数据处理及统计描述

为了在实证研究中能够从定量的角度深入分析每个解释变量对雇佣双方合作效果的影响，同时便于调查对象对每个问题的选项进行选择判断，在问卷设计过程中，变量的选择充分考虑了其取值是否具有有序性的特点，最终选择的变量在取值上均设计为有序分类变量。然后将有序变量的取值进一步量化，将所有变量转化为数值型变量。具体而言，所有变量的选项全部由低到高设置为正向的积极递进关系，赋予分值时也是由低到高，以反映出不同选项的层次性和递进性。如"工作保障性"这一变量，当问到"企业技术和管理创新对员工工作稳定性的影响程度"时，选项分别为"影响很大""影响较大""影响一般""影响较小"和"没有影响"，分值分别赋予"1分""2分""3分""4分"和"5分"，体现出企业技术和管理创新对员工工作稳定性造成的风险是从高到低的。在所有变量中，被解释变量和解释变量均设置了五级有序变量，且全部呈现出正向递进关系。在调查问卷中，每个解释变量有两个问题，每个解释变量最终的取值为这两个问题得分的平均值。与此相对应，控制变量中的学历、工作年限和岗位等级分别设置为三级、四级和三级有序变量。

之所以选择以上数据处理措施，除了操作上的便利性，还基于这样一种假设，即企业行为的正面性会提升雇佣双方的合作水平，增强雇员对雇佣双方合作效果的满意程度。尽管从理论上看，这一数据处理方法略显粗糙，但有利于在后续实证研究中较为准确地验证每一解释变量以及变量的相互作用对雇佣双方合作效果的影响。

通过以上措施进行数据处理后，样本数据的统计描述如表4.7所示。

表4.7 样本数据的统计描述

变量	样本量	极小值	极大值	均值	标准差
总体满意度	547	1.00	5.00	3.15	0.86
战略参与	547	1.00	5.00	2.47	1.16
员工持股与利润分享	547	1.00	5.00	2.80	0.98
工作保障性	547	1.00	5.00	2.70	0.85
薪酬满意度	547	1.00	5.00	3.08	0.98
员工培训与职业生涯发展	547	1.00	5.00	3.03	0.86
员工健康与安全	547	1.00	5.00	2.84	1.09
工作团队	547	1.00	5.00	3.08	0.87
协商沟通	547	1.00	5.00	3.10	0.93
信息共享	547	1.00	5.00	2.90	0.93

由于被解释变量和每个解释变量最高分值均为5，以上统计描述数据显示，作为被解释变量的总体满意度均值为3.15，且标准差相对较小，说明调查对象对雇佣双方合作的总体满意度属于中等偏上水平。在解释变量中，薪酬满意度、员

工培训与职业生涯发展、工作团队和协商沟通的均值都在 3 分以上，表明调查对象在以上四个方面的满意程度同样处于中等偏上水平，但分值较总体满意度略为降低。而员工持股与利润分享、工作保障性、员工健康与安全、信息共享的均值都在 3 分以下，略高于 2.5 分，表明调查对象对这四个方面的满意程度相对较低。战略参与这一变量分值最低，仅为 2.47，且标准差相对较大，是调查对象满意程度最低的变量。

4.4.3 研究假设

为了从定量的角度分析不同解释变量对雇佣双方合作总体满意度的影响，在构建模型并进行实证检验之前，依据本书"3.4 科技型中小企业合作型劳动关系的内容构成"，首先提出如下研究假设。

H_1：员工战略参与程度与雇佣双方合作的总体满意程度存在正相关关系。

H_2：员工持股和利润分享程度与雇佣双方合作的总体满意程度存在正相关关系。

H_3：工作保障性与雇佣双方合作的总体满意程度存在正相关关系。

H_4：薪酬满意度与雇佣双方合作的总体满意程度存在正相关关系。

H_5：企业对员工培训和职业生涯发展的重视程度与雇佣双方合作的总体满意程度存在正相关关系。

H_6：员工健康和安全水平与雇佣双方合作的总体满意程度存在正相关关系。

H_7：工作团队建设水平与雇佣双方合作的总体满意程度存在正相关关系。

H_8：协商沟通效果与雇佣双方合作的总体满意程度存在正相关关系。

H_9：信息共享程度与雇佣双方合作的总体满意程度存在正相关关系。

4.4.4 不同解释变量对劳动关系总体满意度的一元回归分析

在上述变量选择、数据收集和处理，以及研究假设的基础上，采用回归分析法进行实证研究。这里首先采用一元线性回归分析法，在控制员工个人背景的前提下，分别就影响合作型劳动关系构建的每一个因素对雇佣双方合作的满意程度的影响进行分析。拟采用的回归模型形式为：

$$SAT = \beta_0 + \beta_1 Action + \gamma_1 EDU + \gamma_2 YEA + \gamma_3 JOB + \varepsilon$$

式中，SAT 为被解释变量，表示雇员对雇佣双方合作的满意程度；β_0 为模型的常数项；$Action$ 表示影响雇佣双方合作满意度的因素，主要是企业可控的行为，包括解释变量的九个方面；β_1 为解释变量的系数，其显著性是模型关注的重点，即在控制有关个人背景变量的前提下，分析每一解释变量是否对雇佣双方合作的满意度在统计上构成显著影响；EDU、YEA、JOB 分别表示员工的学历、工作年限和岗位等级，γ_1、γ_2、γ_3 是与之对应的系数，但由于这三个变量是作为控制变量引入模型的，因此其系数是否显著并不是关注的重点。

基于调查取得的数据，本书将战略参与（SAT）、员工持股与利润分享（SHA）、工作保障性（SEC）、薪酬满意度（WAG）、员工培训与职业生涯发展（TRA）、员工健康与安全（HEA）、工作团队（TEA）、协商沟通（COM）和信息共享（INF）九个解释变量依次代入上述模型，然后用 SPSS 22.0 软件进行一元线性回归分析，分析结果如表 4.8 所示。

表 4.8 不同解释变量与劳动关系满意度的一元回归分析结果

解释变量	拟合结果	模型概要
战略参与 SAT	$SAT = 2.721 + 0.299STR - 0.106EDU - 0.138YEA + 0.114JOB$ $t = \quad (10.471) \quad (-1.988) \quad (-4.557) \quad (-2.236)$ $Sig. = \quad (0.000)^* \quad (0.047)^* \quad (0.000)^* \quad (0.026)^*$	$R^2 = 0.307$ $F = 35.370$ $(Sig. < 0.001)^*$
员工持股与利润分享 SHA	$SAT = 2.204 + 0.449SHA - 0.090EDU - 0.091YEA + 0.035JOB$ $t = \quad (13.822) \quad (-1.786) \quad (-3.165) \quad (0.717)$ $Sig. = \quad (0.000)^* \quad (0.075) \quad (0.002)^* \quad (0.474)$	$R^2 = 0.395$ $F = 56.716$ $(Sig. < 0.001)^*$
工作保障性 SEC	$SAT = 3.016 + 0.180SEC - 0.126EDU - 0.161YEA + 0.144JOB$ $t = \quad (4.288) \quad (-2.205) \quad (-4.939) \quad (2.627)$ $Sig. = \quad (0.000)^* \quad (0.028)^* \quad (0.000)^* \quad (0.009)^*$	$R^2 = 0.178$ $F = 11.441$ $(Sig. < 0.001)^*$
薪酬满意度 WAG	$SAT = 2.211 + 0.420WAG - 0.157EDU - 0.077YEA + 0.071JOB$ $t = \quad (12.548) \quad (-3.061) \quad (-2.576) \quad (1.434)$ $Sig. = \quad (0.000)^* \quad (0.002)^* \quad (0.010)^* \quad (0.153)$	$R^2 = 0.361$ $F = 47.906$ $(Sig. < 0.001)^*$
员工培训与职业生涯发展 TRA	$SAT = 1.586 + 0.554TRA - 0.072EDU - 0.070YEA + 0.105JOB$ $t = \quad (15.375) \quad (-1.478) \quad (-2.473) \quad (2.257)$ $Sig. = \quad (0.000)^* \quad (0.140) \quad (0.014)^* \quad (0.024)^*$	$R^2 = 0.436$ $F = 68.606$ $(Sig. < 0.001)^*$
员工健康与安全 HEA	$SAT = 3.103 + 0.121HEA - 0.117EDU - 0.153YEA + 0.156JOB$ $t = \quad (3.687) \quad (-2.033) \quad (-4.661) \quad (2.824)$ $Sig. = \quad (0.000)^* \quad (0.043)^* \quad (0.000)^* \quad (0.005)^*$	$R^2 = 0.170$ $F = 10.184$ $(Sig. < 0.001)^*$
工作团队 TEA	$SAT = 1.858 + 0.511TEA - 0.148EDU - 0.070YEA + 0.096JOB$ $t = \quad (13.870) \quad (-2.958) \quad (-2.417) \quad (2.005)$ $Sig. = \quad (0.000)^* \quad (0.003)^* \quad (0.016)^* \quad (0.045)^*$	$R^2 = 0.296$ $F = 57.060$ $(Sig. < 0.001)^*$
协商沟通 COM	$SAT = 1.833 + 0.512COM - 0.151EDU - 0.043YEA + 0.072JOB$ $t = \quad (15.201) \quad (-3.096) \quad (-1.506) \quad (1.530)$ $Sig. = \quad (0.000)^* \quad (0.002)^* \quad (0.133) \quad (0.127)$	$R^2 = 0.432$ $F = 67.206$ $(Sig. < 0.001)^*$

续表

解释变量	拟合结果	模型概要
信息共享 INF	$SAT = 1.566 + 0.563INF - 0.036EDU - 0.024YEA + 0.045JOB$ $t =$ (17.377) (−0.763) (−0.870) (0.991) $Sig. =$ (0.000)* (0.446) (0.385) (0.322)	$R^2 = 0.428$ $F = 85.793$ $(Sig. < 0.001)^*$

注：表中第二列 t 为各变量回归系数的显著性检验 t 统计量值，$Sig.$ 为对应的检验 P 值，*表示该变量在 5% 的显著性水平下具有统计显著性；表中第三列 R^2 为回归方程的拟合优度，F 为方程显著性检验 F 统计量值，$Sig.$ 为对应的检验 P 值，*表示该模型在 5% 的显著性水平下具有统计显著性。

从回归分析的结果看，在将员工个人背景作为控制变量后，作为影响员工对雇佣双方合作满意度的重要因素，战略参与、员工持股与利润分享、工作保障性、薪酬满意度、员工培训与职业生涯发展、员工健康与安全、工作团队、协商沟通、信息共享九个变量均对雇佣双方合作的满意度构成显著的正向影响，其回归系数全部为正值，符合前面的九个研究假设，即企业正面性的行为一般会提升雇员对雇佣双方合作效果的满意度。在九个回归方程中，在 5% 的显著水平下，不仅每个回归方程整体都是高度显著的（通过了 F 值检验），而且每一个解释变量在各自的回归方程中也是高度显著的（通过了 t 值检验）。这表明，以上九个方面正向行为的实施，有助于提高雇员对雇佣双方合作的满意度，这些行为是促进雇佣双方深度合作、提升合作水平的重要举措。从控制变量的回归系数看，员工学历、工作年限和岗位等级三个变量虽然在部分回归方程中通过了显著性检验，但没有一个变量在九个回归方程中全部通过显著性检验，尽管它们并不是模型关注的重点，但也说明这些因素整体上与被解释变量没有显著线性关系。

由于采用了一元线性回归分析法，以上每一回归方程只考察了单一因素对雇佣双方合作满意度的影响。但是作为一种主观评价，雇员对雇佣双方合作的满意度是受多种因素共同影响的。尽管上述回归方程和回归系数均通过了显著性检验，即每一变量与雇佣双方合作的满意度都存在显著线性关系。但单一因素对雇佣双方合作满意度的贡献率是相对较低的，这一点从以上回归方程中的拟合优度 R^2 可体现出来，尤其是工作保障性、员工健康与安全这两个变量。因此，为了进一步分析不同因素共同作用下雇员对雇佣双方合作满意度的影响，需要采用多元回归分析法进行深入探讨。

4.4.5 所有解释变量对劳动关系总体满意度的多元回归分析

由于在雇佣双方合作的现实环境中，影响雇佣双方合作的每一种因素都不是单独发挥作用的，而是所有因素之间相互影响、相互作用，共同构成了一个整体的合作环境或合作氛围。在这一背景下，有必要将所有影响雇佣双方合作满意度的解释变量同时纳入模型进行深入分析，从而找出对雇佣双方合作效果影响最大的关键要素。为此，这里采用多元线性回归分析法，将反映员工个人背景的三个变量作为控制变量，将影响雇佣双方合作效果的九个解释变量同时引入模型，相应的回归模型为：

$$SAT = \beta_0 + \beta_1 STR + \beta_2 SHA + \beta_3 SEC + \beta_4 WAG + \beta_5 TRA + \beta_6 HEA + \beta_7 TEA + \beta_8 COM + \beta_9 INF + \gamma_1 EDU + \gamma_2 YEA + \gamma_3 JOB + \varepsilon$$

由于现实环境中每个解释变量之间相互关联、相互影响，为了避免变量之间可能存在的多重共线性对模型拟合效果的影响，在模型拟合过程中，对不同变量分别采取了不同的方式进入模型。其中，作为反映员工个人背景的三个控制变量（EDU，YEA，JOB）采取强制进入的方式，反映企业行为的九个解释变量（STR，SHA，SEC，WAG，TRA，HEA，TEA，COM，INF）采取了逐步进入的方式。

将调查数据代入上述模型，并用 SPSS 22.0 软件进行多元线性回归分析后，结果如表 4.9 所示。

表 4.9 所有解释变量对劳动关系总体满意度的多元回归分析结果

变量	系数估计值	系数标准误差	t	$Sig.$
常数项：β_0	0.642	0.173	3.720	0.000*
SHA：β_2	0.152	0.034	4.475	0.000*
SEC：β_3	0.090	0.031	2.866	0.004*
TRA：β_5	0.199	0.041	4.840	0.000*
TEA：β_7	0.150	0.039	3.823	0.000*
INF：β_9	0.299	0.038	7.769	0.000*
EDU：γ_1	-0.049	0.043	-1.141	0.254
YEA：γ_2	-0.012	0.025	-0.468	0.640
JOB：γ_3	0.018	0.041	0.435	0.664

注：*表示该变量在 5% 的显著性水平下具有统计显著性。

拟合结果的回归方程为：

$SAT = 0.642 + 0.152SHA + 0.090SEC + 0.199TRA + 0.150TEA + 0.299INF - 0.049EDU - 0.012YEA + 0.018JOB$

$t\ =\quad\quad\quad(4.475)\quad(2.866)\quad(4.840)\quad(3.823)\quad(7.769)\quad(-1.141)\quad(-0.468)\ (0.435)$

$Sig.\ =\quad\quad\quad(0.000)^*\quad(0.004)^*\quad(0.000)^*\quad(0.000)^*\quad(0.000)^*\quad(0.254)\quad\quad(0.640)\quad\ \ (0.664)$

$$R^2 = 0.604$$

$$F = 68.438\ (Sig. < 0.001)^*$$

多元回归分析结果显示，该模型在 5% 的显著性水平下具有统计显著性。在控制员工个人相关背景（EDU、YEA、JOB 三个变量作为控制变量始终保留在模型中）的前提下，影响雇佣双方合作满意程度的九个解释变量经过逐步回归筛选后，在5%的显著性水平下，最终保留了五个变量，分别是员工持股与利润分享、工作保障性、员工培训与职业生涯发展、工作团队和信息共享。这五个因素构成影响雇佣双方合作效果的核心要素。与单因素一元回归分析结果相比，战略参与、薪酬满意度、员工健康与安全以及协商沟通四个因素没有纳入最终模型。

综合一元回归分析和多元回归分析的结果，员工持股与利润分享、工作保障性、员工培训与职业生涯发展、工作团队和信息共享五个因素对雇佣双方合作的满意度构成显著影响。作为科技型中小企业的核心员工，其人力资本价值含量相对较高，他们在工作中除了追求较为稳定的基本薪酬和体现其业绩的浮动薪酬外，是否能够分享企业利润直接关系到人力资本收益权能否实现。因此，让员工分享企业利润是维持雇佣双方长期合作、提高长期激励效果的重要举措。工作保障性主要涉及员工工作的安全性和稳定性。由于科技型中小企业在创新过程中面临的风险较大，一旦创新结果失败，或者产品和服务市场难以扩大，员工就存在重新寻找工作的可能性，这种不确定性会大大降低雇员与雇主长期合作的动力。而对于企业来讲，稳定的核心人才队伍是增强企业核心竞争力的关键。员工培训与职业生涯发展则直接影响员工知识、技能和能力的及时更新和提升，以及员工在企业内部的发展机会和发展空间。培训无论是对提高员工个人竞争力还是企业创新能力都至关重要，是影响科技型中小企业最终绩效的重要变量，也是雇佣双方在合作过程中都比较关注的一项内容。工作团队主要关系到科技型中小企业员工的工作行为和工作方式。对于核心的研发设计工作，往往需要以团队的形式开展，而团队的自我管理和决策能力，以及合作过程中团队成员之间的协调合作程度，是影响团队工作绩效的主要因素。在此过程中，企业和员工能否分享大量信息，直接关系到团队自我管理和自我决策能力的发挥以及最终的合作效果。因此，工作团队及其信息共享是影响雇佣双方合作满意度及合作效果的重要变量。

以上分析结果一定程度上反映了科技型中小企业构建合作型劳动关系过程中面临的共性问题，代表了创新驱动战略下企业劳动关系发展的新趋势，为本书后续研究提供了明确导向，也为探索合作型劳动关系构建的具体对策提供了借鉴和参考。

4.5 实证研究结果的进一步讨论

尽管多元回归分析结果显示，员工持股与利润分享、工作保障性、员工培训与职业生涯发展、工作团队和信息共享五个因素对雇佣双方合作的满意度构成显著影响，但考虑到一元回归分析结果，战略参与、薪酬满意度、员工健康与安全、协商沟通等在合作型劳动关系构建中的作用同样需要予以关注。本书对科技型中小企业劳动关系问题进行探讨，就是在理论分析的基础上，通过实证研究对影响雇佣双方合作效果的因素进行分析，弄清雇佣双方合作过程中面临的主要障碍，指导雇佣双方采取有效措施促进合作目标的实现。通过对上述实证研究结果的归纳、分析与总结，结合科技型中小企业劳动关系的现实状况，可以得出如下两条结论。

4.5.1　完善的合作机制是构建合作型劳动关系的制度保障

在科技型中小企业合作型劳动关系的构建中，雇佣双方的合作机制构成了维系双方合作关系的重要黏合剂。作为引导和促进合作关系的重要制度和方法，合作机制作用的发挥是各项影响因素相互作用的结果。劳动关系是一种经济利益关系，雇佣双方对各自经济利益的关注是影响合作效果的重要中介变量。由于科技型中小企业人力资本价值含量较高的员工数量较多，企业普遍重视员工基本物质需求的满足。调查结果表明，大多数企业的薪酬水平总体能够满足员工的基本物质需求，这与传统行业形成较为鲜明的对比。但员工持股与利润分享作为员工参与企业决策和收益分配的前提和制度保障，成为现实中影响雇佣双方合作满意度的重要因素。从更深层次的角度分析，员工持股与利润分享会触及企业内部的产权问题，即物质资本产权和人力资本产权的相互关系，或者劳动和资本这两种要素在企业内部的地位问题。这是研究雇佣双方合作机制首先必须从理论上解决的一个重要问题，也是对合作机制内部其他因素起统领作用的关键要素。

调查结果显示，现阶段科技型中小企业在战略参与、员工持股与利润分享方面还缺乏普遍性，雇佣双方合作关系的建立和维持更多依靠双方形成的契约。由于契约的不完全性，双方在合作过程可能会产生机会主义行为和道德风险。因此，合作机制的运行离不开雇佣双方之间的信任关系。员工培训与职业生涯发展、工作团队、信息共享作为影响雇佣双方合作满意度的主要变量，正是检验雇佣双方信任关系的重要指标。多数企业之所以在员工培训中没有完全做到位，主要顾虑就来自员工接受培训后从企业流失，并由此可能给企业带来的风险。工作团队及信息共享则主要涉及上级对下级的有效授权问题，给予团队必要的权力和信息是团队高效运作的基本保障。而以上三点在现实中产生问题的根源在于雇佣双方之间缺乏信任，因此，雇佣双方信任机制的建立成为建立高效合作机制的重要环节。当然，信任机制的建立也需要相应的制度保障，尤其是利益保障机制，对双方的失信行为需要相应的惩戒机制予以惩罚。上述要素之间的相互关系，正是合作机制构建中需要面对和处理的。

4.5.2 对雇佣双方合作行为的引导是实现合作目标的基本手段

有了完善的合作机制，雇佣双方合作目标的实现就主要依靠雇佣双方的合作行为。在劳动关系运行过程中，雇佣双方始终面临合作和冲突两种行为选择，而合作型劳动关系的构建就意在通过有效的合作机制化解雇佣双方的冲突，促进合作目标的实现。雇佣双方的合作动机来自双方所秉持的互利共赢的价值理念，经济利益是引导和调节雇佣双方合作和冲突行为的基本因素，薪酬满意度尤其是员工持股与利润分享成为影响雇佣双方合作效果的重要变量。在企业收益分配的动态调整过程中把握雇佣双方的行为变化，从而更好地引导雇佣双方的合作行为，成为科技型中小企业实现合作型劳动关系这一目标的关键。此外，工作保障性作为影响雇佣双方合作效果的另外一个重要变量，对雇佣双方的合作行为也具有一定的引导作用。在薪酬和雇佣量存在替代关系这一约束条件下，企业出于追求利润最大化的动机，会在提高雇员薪酬水平的同时相应降低雇佣量，对员工工作的保障性造成不利影响。由于员工在自身工作的稳定性方面存在一定风险，一定程度上会破坏雇佣双方的合作行为，因此，在薪酬和雇佣量存在替代关系这一约束条件下，雇佣双方合作行为的选择需要在可合作区间内寻求最优的行为组合。

以上分析表明，合作机制和合作行为是在构建合作型劳动关系过程中需要突破的重点和难点。其中，合作机制作为企业一系列相关制度共同作用下形成的行为准则，构成了合作行为实施的制度环境，因此，合作机制的构建是合作行为实施的基础。在本书的后续内容中，将结合科技型中小企业的特点，就这两个问题进行深入分析。合作型劳动关系的基本框架如图 4.8 所示，这也是本书后续内容的基本框架。

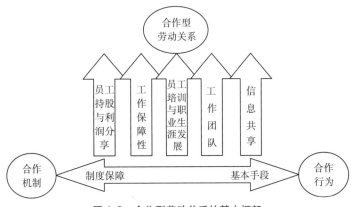

图 4.8 合作型劳动关系的基本框架

4.6　本章小结

本章在选择样本企业进行调研的基础上，通过对科技型中小企业劳动关系总体状况的分析，明确了科技型中小企业劳动关系的现状及存在的主要问题。其中，现状总体呈现出平稳状态，在收入水平、用工形式及法律保障、培训制度、工作团队与协商沟通等方面均表现出良好态势，但是在战略参与、工作的稳定性、工作压力以及信息共享等方面存在的问题较为突出。这些问题的产生部分源于科技型中小企业所处的不利竞争地位，以及经济下行和结构转型带来的冲击等，也与企业治理结构及人力资源管理模式滞后等微观因素密切相关。

从定量的实证分析结果看，在将员工个人背景作为控制变量后，如果只考察单一因素对雇佣双方合作满意度的影响，所有的被解释变量均对雇佣双方合作的满意度构成显著的正向影响。如果将所有变量同时纳入模型进行分析，员工持股与利润分享、工作保障性、员工培训与职业生涯发展、工作团队和信息共享五个变量得以保留，构成影响雇佣双方合作效果的主要因素。

通过对实证研究结果的分析、归纳与总结，可以得出两条基本结论：①完善的合作机制是构建合作型劳动关系的制度保障；②对雇佣双方合作行为的引导是实现合作目标的基本手段。现阶段，我国科技型中小企业劳动关系还未达到"共赢、共治、共享"的合作型状态，需要通过构建完善的合作机制对劳动关系主体的合作行为进行有效引导。因此，科技型中小企业劳动关系主体的合作机制和合作行为是本书第 5 章和第 6 章重点研究的内容。

第 5 章
科技型中小企业劳动关系主体合作机制研究

合作型劳动关系的构建需要完善的合作机制提供制度保障。现阶段，由于多数科技型中小企业人力资本产权缺位，雇佣双方难以形成共同治理的格局，雇佣双方合作关系的确立和维护主要依靠双方达成的契约，而契约的不完全性一方面会对雇佣双方的合作产生积极的正向效应，另一方面也会使雇佣双方产生机会主义行为，破坏双方的合作机制。因此，科技型中小企业雇佣双方需要建立相互信任的机制，促使雇佣双方的合作型劳动关系得以建立、维持与深化。本章将就这几者之间的相互关系及其内在机制进行深入分析。

5.1 有关劳动与资本关系的不同假说

劳动关系主体合作机制的建立，本质上是为了处理劳动与资本这两种生产要素的相互关系，尽管现代企业作为资本出资人的股东和雇主有可能相互分离，但由于股东和雇主之间是委托与代理关系，因此，有关合作机制的研究还是应该以劳动和资本的相互关系为切入点进行探讨。

5.1.1 "资本雇佣劳动"假说

在研究劳动关系问题时，传统的一种假说就是"资本雇佣劳动"，马克思是最早提出这种思想的人之一。按照马克思的观点，资本家之所以能够支配工人并榨取其剩余价值，是因为资本家拥有生产资料的所有权。工人作为劳动力的所有者，除了自己的劳动力外一无所有，只能受雇于资本家，在出卖劳动力后依靠资本家支付的微薄工资维持自身的生存，而资本家则对企业全部剩余拥有控制权和索取权。只要劳动者不拥有生产资料，就永远无法摆脱受剥削的地位。由于资本家和工人的尖锐对立，在工人争取自身权益的过程中，往往会引发严重的对抗和冲突。除了马克思之外，就"资本雇佣劳动"这一假说，后来的许多学者尝试从不同视角进行了论证。

按照新产权学派对劳动关系问题的分析,如果工人一方经过人力资本投资后增加了其价值含量,就可以与资本家形成一种双边垄断关系,双方具有大致可以相互抗衡的谈判力。然而马克思所处时代的工人绝大部分只有极低的技能水平,从事的是极低级的熟练劳动,即使之前没有任何经验,也可以在短时间内通过简单训练而轻松学会。在生产过程中,资本家的机器所起的作用要远远大于工人的劳动和技巧所起的作用。因此,在人力资本投资水平极低的情况下,工人是不具备与资本家对等的谈判力的,很难有与资方相抗衡的力量,这在一定程度上解释了"资本雇佣劳动"的必然性与合理性。

哈耶克对这一命题的解释为,在劳动关系所涉及的利益分配中,不同的利益相关者究竟应该分配多少,取决于在企业环境变化时谁能够迅速适应,以及最终做出的贡献大小。当然,对企业而言,最终决策是由经营者做出的,因为经营者对企业内外环境有洞察力,能够及时了解相关变化并调整企业的资源投入。同时,与生产者相比,经营者在监督上也具有明显的技术优势。因此,企业中的经理对组织绩效的重要性和贡献要大于工人。资本家的目标是逐利,当他们将自身拥有的资本投入企业生产经营活动中并取得较好的经营业绩时,这些业绩就成为他们经营能力的信号,这些资本家也就具有了成为企业家的优先权利,并且可以垄断企业的剩余索取权,"资本雇佣劳动"这一命题也就自然成立了。

另外一个较为典型的解释是张维迎以严格的数学假设为前提进行的论证。按照张维迎的观点,企业经营过程是经营活动和生产活动的相互结合,由于个人在经营能力上的差异是客观存在的,那些在经营能力上具备优势的人可专门从事经营决策活动,那些不擅长经营的人则从事专门的生产活动。当企业取得经营业绩后,企业股本的变化往往是易于观察的,这种变化可以作为体现其经营能力的一种信号,而这一特点是从事生产活动的人不具备的。企业经营者是主要的"风险制造者",也是主要的"风险承担者",同时,他们的工作行为也是难以监督的,而从事生产活动的人的行为易于监督,因此,经营者有权索取企业剩余,并监督企业内部其他人员。如果这些经营者自身拥有较为雄厚的资产并投入到企业经营活动中,资本和经营能力的结合使他们成为"企业家",没有资产且缺乏经营能力的人则成为"雇佣工人"。[①] 按照此逻辑,基于不同个体在经营能力、个人资产,以及对待风险的态度等方面的差异,"资本雇佣劳动"也就成为必然。

总体来看,对"资本雇佣劳动"这一命题的解释主要是基于资本相对于劳动所处的强势地位而展开的,在劳动者的人力资本投资水平较低且供给相对充足而资本相对稀缺的情况下,资本的重要程度往往高于劳动,且资本面临的风险较大,资本所有者还需要自身拥有经营决策能力或者雇佣具有经营决策能力的人经

---

① 朱奎. 资本雇佣劳动的经济学逻辑 [J]. 当代经济研究, 2001 (6): 35-38+72.

营企业,这些为"资本雇佣劳动"提供了合理解释。

5.1.2 "劳动雇佣资本"假说

与"资本雇佣劳动"假说不同,"劳动雇佣资本"这一命题是基于人力资本地位的上升而提出的。当今社会,企业获取市场竞争优势主要依靠创新,包括技术创新、制度创新、工艺创新和管理创新等,而企业创新的主体正是受过较长时间专门教育和训练、具有某种专门知识的人员。在世界各主要经济体推动经济转型升级的过程中,创新型人才的引领作用正日益凸显。在此背景下,有的学者认为传统企业的权力结构正在发生根本变革,员工在雇佣双方的力量对比中更具优势,"劳动雇佣资本"正逐步变为现实,企业的组织结构形式会变得更具有生命力。传统上,企业的经理人员天然是为企业的资本所有者即股东服务的,而现在则需要为企业所有的"利益相关者"服务,对企业创新具有重要引领和推动作用的创新型人才是攸关企业整体利益的特殊群体,是企业经理服务的重点对象。从企业经营风险的承担主体看,"资本雇佣劳动"的观点认为风险的承担主体是资本所有者;而"劳动雇佣资本"的观点则认为,当企业面临经营风险时,物质资本能够比较自由地退出企业,从而迅速规避企业风险,而人力资本所有者则滞后得多,因此,人力资本所有者成为承担企业风险的主体。[①] 以上即是"劳动雇佣资本"这一命题提出的重要理论依据。

按照"劳动雇佣资本"这一命题的假设,企业拥有的资金、厂房、设备等物质资本在企业发展中的作用已明显降低,而人力资本的作用日益趋于主导地位。然而,这一观点也遭到部分学者的反对。他们认为,员工的知识和技术并不是与生俱来的,而是经过后天的长期投资凝结而成的产物。同时,对于国家和企业而言,任何重大的知识创新与发明创造,都需要国家或企业投入巨额的研发经费。当今世界,越是经济发达的国家,研发投入占国内生产总值(GDP)的比重越高,这已经是一个不争的事实。关于这一点,可以用研发投入强度这一指标予以说明。所谓研发投入强度,是指一个经济体在统计年度内全社会实际用于基础研究、应用研究和试验发展的经费支出同当年 GDP 之间的比值。据新浪第一财经查阅经济合作与发展组织(OECD)公开发布的统计数据,2014 年,美国、德国、奥地利、丹麦、芬兰、瑞典、日本、以色列、韩国的研发投入强度都超过了 2.5%。其中,韩国的研发投入强度全球最高,为 4.3% 左右;以色列第二,为 4.1% 左右;日本第三,为 3.6% 左右;而整个 OECD 国家的平均水平为 2.4% 左右。中国 2014 年的研发投入强度为 2.05%,超过了捷克和荷兰,但低于澳大利

---

① 方竹兰. 人力资本所有者拥有企业所有权是一个趋势——兼与张维迎博士商榷[J]. 经济研究,1997(6):36-40.

亚、法国、斯洛文尼亚、比利时等国。随着我国经济结构的转型升级，创新驱动成为我国经济增长的新引擎，因此，我国的研发投入强度还需进一步加大。根据《"十三五"国家科技创新规划》，"十三五"期间国家研发投入强度将达到2.5%。基于以上客观事实，相关学者对"劳动雇佣资本"这一命题予以了否定。他们认为，资本和劳动的雇佣与被雇佣关系作为人类社会的一种特定生产关系，并不会因为人力资本地位的上升而发生改变，只要存在资本经营，劳动和资本的地位就不会发生根本性改变，劳动就无法摆脱受雇佣的地位。[①]

不管是"资本雇佣劳动"还是"劳动雇佣资本"，这两种命题均对资本和劳动这两种要素的稀缺性或市场相对价格进行了比较，二者在市场相对价格上的差异，造成了劳资双方在谈判博弈中地位的不同。如果资本一方占强势和主导地位，劳动处于弱势地位，就形成"资本雇佣劳动"的态势；相反，如果劳动一方的人力资本价值含量不断提高，在企业中的地位和作用可以与资本相互抗衡，甚至超过资本的重要性，这时便形成"劳动雇佣资本"的态势。但无论如何，将资本和劳动这两种要素相互结合仍然是创造社会财富的基本途径，二者并不能互为否定。就资本和劳动这两种要素的相互合作而言，二者力量对比的失衡使双方合作的基础比较脆弱，引发冲突的因素相对较多，比较稳固的合作机制难以建立。

5.1.3　劳资共同治理与劳资合作

传统上，企业在治理过程中一般采用单边治理结构，尤其是在"资本雇佣劳动"时代，股东是企业资本的所有者，企业的最终目标是追求股东利益的最大化，企业的决策权和经营权是由作为委托方的股东和作为代理方的经营者牢牢控制的，劳方作为处于弱势地位的被雇佣一方，是没有权利也没有机会参与企业治理的。本书所谈的合作型劳动关系试图改变劳资双方在利益博弈中失衡的状况，通过在企业治理过程中引入双边治理结构，尽可能平衡雇佣双方的利益关系，从而实现共赢的目标。在传统劳动关系中，资方之所以占据主导地位，一定程度上源于强势资本背后所形成的企业权威，而共同治理结构就在于企业决策中对企业权威的限制，其基本途径就是让员工实质性参与企业治理，通过在企业决策过程中形成相互制衡的机制，使最终的决策结果能真正平衡不同利益相关者之间的利益关系。

在前面的分析中已经明确，员工在企业内部地位的改善一定程度上得益于员工人力资本价值含量的提高，以及由此带来的员工在劳资结合过程中重要性的提

---

① 周少岐. 是劳动"雇佣"资本还是资本雇佣劳动——与毛蕴诗和李新家两位先生商榷[J]. 电子科技大学学报（社会科学版），2000（3）：105-108.

升。而员工实质性参与企业治理也是员工在组织内部地位改善的结果,但这一点又势必触及产权问题。传统上,由于资方对自身掌握的资本具有较为明晰的产权,所以决定了其在企业治理结构中的主导地位。员工实质性参与企业治理同样需要明确其产权问题,本书第3章已经就人力资本产权问题进行了较为详细的阐述,当前学术界对人力资本产权的界定以及相应的利益分配关系已经没有太大争议。但相对于物质资本产权,人力资本产权是较为模糊和抽象的,其测量和收益的确定在现实中存在一定难度。实践中解决这一问题的一种途径就是实行员工持股制度,企业是赠予员工股权,还是让员工购买股权,其基本依据就是员工的人力资本价值,或者员工凭借自身的人力资本价值为企业做出的贡献。如郭东杰(2006)就较为系统地研究了改制企业职工持股共同治理模式对劳动关系的作用机制,强调通过完善公司治理结构创造一种和谐稳定的劳动关系。[1] 员工持股可以使人力资本产权的隐性形式显性化,明确员工在企业治理中的权力和责任,以及如何分享企业的剩余索取权和剩余控制权。需要指出的是,在所调研的科技型中小企业中,部分企业虽然没有实行员工持股制度,但员工达到一定业绩时可以分享企业利润。利润分享和员工持股是不同的,单纯的利润分享制并没有从制度层面为员工参与企业治理,以及分享企业的剩余索取权和剩余控制权提供有力依据。

就构建合作型劳动关系而言,共同治理结构是一种较为理想的企业治理结构模式。但正如前面所分析的,它需要一定的前提条件,尤其是高层次人力资本在企业内部地位的提升和确认,而共同治理结构的形成需要雇佣双方具有大致对等的谈判能力,而且企业规模不宜过大。如果企业规模过大,员工类型过多,素质参差不齐,企业的任何重大决策均需每个人参加并按照多数人的意愿做出的话,将会付出高额的讨价还价成本,在现实操作中并不具备可行性。[2] 科技型中小企业的规模相对较小,而且人力资本价值含量较高的创新型人才构成了企业的核心资源,一定程度上具备了构建合作型劳动关系的条件,这也是本书将研究对象定位于科技型中小企业的主要考虑。然而在我国现阶段,科技型中小企业的类型较多,而且大多数还处于起步期和发展期,很多企业并没有实行员工持股制度,构建合作型劳动关系所需的共同治理结构还缺乏产权基础,基于产权平等的合作机制在短时间内还难以建立。从现实情况考虑,现阶段,科技型中小企业雇佣双方关系的确立和维护主要还是依靠双方达成的契约。但由于契约具有不完全性,雇佣双方在合作过程中既有充分的合作空间,同时也面临一定的风险。

---

[1] 郭东杰. 公司治理与劳动关系研究[M]. 杭州:浙江大学出版社,2006.
[2] 崔驰. 现代市场经济条件下中国合作型劳动关系研究[M]. 北京:经济科学出版社,2013:70.

5.2 科技型中小企业劳动契约的不完全性对合作的效应研究

5.2.1 科技型中小企业劳动契约的不完全性

现阶段企业劳动关系的确立和维护主要依靠雇佣双方达成的契约，契约是雇佣双方谈判交易的最终成果，明确规定了雇佣双方的责任、权利和义务，是一个对交易双方均有约束力的协议。然而，契约具有不完全性。施瓦茨认为，契约的不完全性主要有四个方面的原因：一是在缔结契约的过程中，契约中语句描述模棱两可或不清晰，造成契约的模棱两可或不清晰；二是契约方的疏忽，导致在契约中没有就有关事宜订立相应的条款；三是在订立一个条款以解决某一特定问题的过程中，成本（包括信息处理成本）超过其预期收益，而造成了契约的不完全；四是契约方彼此掌握的信息不对称，导致契约的不完全。[1]

对于科技型中小企业雇佣双方订立的劳动契约，其不完全性体现得更为明显，这主要是由于有限理性和环境的不确定性。所谓有限理性，是相对于理性而言。经济学上假设每个人都是"理性人"，即每个人在做出决策时都试图实现自身效用最大化。但由于人们不能获得所有信息，也不具有处理问题的完全能力，最终的决策只能遵循"满意"标准，在既定条件下选择最满意的方案，而不是最优方案。按照西蒙的观点，有限理性要求在实际决策过程中，将决策者在认识方面的局限性考虑在内，包括知识和计算能力两个方面的局限性，在此约束条件下做出最终的合理决策。[2] 有限理性与决策者所处的环境密切相关，任何决策都需要面向未来，而未来往往面临较大的不确定性，决策过程中对未来的预测都是建立在一定的假设基础之上，并根据过去的经验数据以及对未来情况的判断而做出的。考虑到环境变化的复杂性和一定程度的不可预见性，任何一个决策者都不可能凭借其已有的知识和计算能力对未来的所有信息进行完全准确的预测，即使能够做到完全准确预测，也会产生高昂的信息处理成本，这个成本甚至会超过由此而产生的预期收益。因此，从理性视角看，契约方的契约缔结过程只能建立在信息不完全的基础之上，在此约束条件下做出最终的决策。

近些年，在国家政策鼓励下，科技型中小企业遍地开花。从国际范围看，前端科技领域的竞争异常激烈，处于起步和发展期的科技型中小企业面临较大的市

---

[1] 沃因，韦坎德. 契约经济学 [M]. 李风圣，译. 北京：经济科学出版社，1999：102.
[2] 西蒙. 管理行为 [M]. 詹正茂，译. 北京：机械工业出版社，2009：57.

场竞争冲击。这些冲击不仅来自研发设计领域，而且包含生产过程的智能化以及新的销售业态等领域带来的冲击。由于大部分科技型中小企业在竞争中并非处于绝对强势地位，应对技术和市场冲击的能力偏弱，加之企业之间信息交流渠道不畅通，所以企业之间的同质竞争现象较为突出，企业面临的风险和不确定性会进一步加大。受内外环境的不确定性以及雇佣双方认知能力的限制，雇佣双方在订立劳动合同的过程中，对企业在合同期内所能达到的发展态势很难作出准确的判断和预测，在合同中对员工的工作及收入的稳定性不可能作出完全确定的承诺，契约的不完全性也就成为必然。

此外，从科技型中小企业雇佣双方的工作过程看，处于企业核心地位的研发设计类员工的工作过程主要以脑力活动为主，工作没有固定流程，动作没有严格的规程和标准，即使企业内部有完善的规章制度，雇主也很难对其工作过程和工作行为进行有效监督，更难通过劳动契约作出具体规定。由于大多数研发设计工作是以团队形式展开的，而团队合作过程中员工的合作态度等合作要素一般难以直接观察，这样，雇主能够掌握的有关雇员工作过程的信息就非常有限。从企业角度看，许多处在起步和发展期的科技型中小企业，其战略目标较为模糊，管理者和员工之间的沟通相对较少，即使进行沟通，也很难准确传递企业的战略定位，从而造成员工信息缺失。因此，从雇佣双方彼此所掌握的对方信息看，信息是不充分或不对称的，这就导致了书面契约和心理契约的双重损失，契约的不完全性体现得更为明显。

劳动契约的不完全性对雇佣双方合作机制的建立具有双重影响：一方面，它体现了契约的灵活性，有利于雇佣双方在合作空间内争取更大的合作自由度，提高合作层次与合作效率；另一方面，容易造成雇佣双方的机会主义行为，引发双向道德风险，破坏双方的长期合作。下文将从以上两方面展开进一步分析。

5.2.2 劳动契约不完全性对合作的正向效应

劳动契约的不完全性容易引发雇佣双方的机会主义行为，早期管理学研究和管理实践的侧重点就在于对这种行为的控制。如泰勒的科学管理理论就认为，工业生产效率低下的主要原因在于员工的偷懒和"本性磨洋工"，这是一种典型的机会主义行为。因此，泰勒主要通过时间—动作研究、科学地挑选和培训工人、实行差别计件工资率系统等方法解决上述问题。在科学管理过程中，通过时间—动作研究对生产过程实现了规范化、制度化和标准化，明确了工作任务的所有内容，使得劳资双方的契约近似于"完全合同"，有利于在企业管理中加强对工人的控制，从而降低员工产生机会主义行为的可能性。泰勒的科学管理思想运用到生产实践过程后，极大地推动了西方国家工业生产效率的提高，标志着管理从经验主义阶段走向了科学管理阶段，奠定了其在管理思想演变中的重要地位，从而导致了现代管理学的产生。① 然而，泰勒科学管理思想关注的焦点在于提高生产效率，只是将工人当成会说话的机器，在工作过程中过分强调僵硬的标准和严密的监督，对员工的思想、感情、态度和人际交往等基本没有关注，其管理思想所隐含的对人性的假设是纯粹的"经济人"假设，在管理实践中对工人往往实行高压管理。这种单纯利用科学管理原理解决劳动关系问题的方法在实践中反而加剧了劳资矛盾，引发了一系列大罢工。因此，如果从劳资长期合作的视角看，这种管理模式未必是提高管理效率的最佳模式。

由于科学管理这种近似于"完全合同"的管理模式不利于雇佣双方长期合作的维持和合作效率的提升，所以后来的管理思想和管理实践不再过分追求契约的完全性，而是开始注重契约不完全性本身带来的弹性和灵活性，通过对组织中"人"的关注，实现组织和个人的双赢。如1929—1932年梅奥等人在芝加哥西屋电气公司霍桑工厂进行的"霍桑试验"，其结果就证明企业生产效率除了受物理和生理因素影响外，更多地受到社会环境和社会心理等因素的影响。这样就改变了传统的"经济人"假设，而是将组织中的人视为"社会人"，企业人力资源管理的目标除了要保证员工基本经济利益的实现外，更要注重员工社会和心理需求的满足。过去，企业效率的提升主要依靠最优技术安排，员工维护自身利益主要依靠与雇主形成相互对抗和制衡的力量来实现。人际关系学派则将工作场所对员工关注的重点转向社会维度和人性维度，要求企业各级管理者必须掌握处理人际关系的技巧，特别是与员工沟通的技巧，对企业内部的非正式组织持建设性开放态度，实现正式组织的经济需求和非正式组织的社会需求之间的平衡。以上所有管理变革单纯依靠"完全合同"的形式是难以实现的，而正是雇佣双方契约的不完全性为变革提供了空间和可能。

风靡于20世纪后期的全面质量管理理论进一步继承和发扬了人际关系学派的理念，强调员工参与和团队合作的重要性。在管理实践中注重长期目标的确立，制订教育和培训计划，对员工开展岗位培训，强调组织内部不同员工之间的公平感，从而推动全员参与组织变革。随着人力资源管理在企业地位的提升，20世纪90年代中后期开始，战略人力资源管理逐渐成为组织获取核心竞争力的关键，企业雇佣双方结成了战略伙伴关系，企业各项人力资源管理工作必须以战略为目标和方向，通过持续创新和不断变革，实现企业的可持续发展。以上所有变革均需要雇佣双方相互协作，而变革的推行正是得益于雇佣双方灵活的契约关系。如果按照"完全合同"的管理模式，这些变革的顺利推行是不可想象的。

劳动契约的不完全性带来的另外一个优势就是隐性合同的形成。在劳动关系中，有关企业文化、企业和员工之间的相互信任和忠诚等内容是无法体现在书面劳动契约中的，只能存在于雇佣双方长期的合作中形成的心理契约，这种心理

---

① 德鲁克. 管理的实践 [M]. 齐若兰，译. 北京：机械工业出版社，2006：209-213.

契约是一种隐性契约。而这种隐性契约是在雇佣双方建立了充分的信任后形成的，能够增强组织凝聚力，使员工在企业有归属感，从正向角度进一步激发双方的合作行为，形成双方良性互动的组织氛围。因此，隐性合同的形成突破了新古典经济学中"人完全是利己的"这一假设，认为个人会表现出利他行为，个人理性可能服从集体理性，从而实现二者的统一。当然，隐性合同的形成及利他行为的产生需要满足一定的前提条件，最基本的条件就是通过理性激励方式满足双方的基本利益诉求，否则双方又会回到自私自利的思维套路上，破坏双方形成的隐性契约，影响合作行为。

以上关于雇佣双方合作的正向效应源自劳动契约的灵活性，这些正向效应能够为科技型中小企业合作型劳动关系的构建提供重要的理论与实践指导。我国目前的科技型中小企业类型繁多，业务涵盖高新技术产品的研发、设计、生产和销售，以及技术服务和技术咨询等方面。以生产制造为例，由于现代企业生产过程的规范化、程序化和标准化，传统人力资源管理中对流水线上生产工人的管理一般采取科学管理模式，时至今日，这一管理模式对我国的制造业仍有深刻影响。近几年，企业劳动力成本上升，同时，我国经济结构也处在转型升级的关键期，在市场倒逼的竞争环境中，传统制造业加快了优胜劣汰的步伐，位于东南沿海的部分代工企业将生产线转移到了劳动力成本相对较低的国家和地区，而高端装备制造和电子信息等优势产业正朝着智能化的方向迈进，尤其是工业机器人的广泛使用，使得无人化生产车间日趋普遍，取而代之的是从事技术和监督工作的少量中高层次人员。在工业4.0和《中国制造2025》的推动下，今后几年这一趋势将愈发明显。面对这一发展趋势，企业人力资源管理模式也必须摒弃传统的科学管理模式，利用劳动契约的灵活性，更加注重人文关怀，通过对员工适度授权，增强员工的工作自主性，在产业转型升级的同时实现管理模式的转型升级。

对于从事生产制造业务的科技型中小企业，这一发展趋势同样不容忽视。科技型中小企业的创新来自多个方面，除了核心的研发设计业务外，还包括生产制造领域的创新。在调研过程中，就这一问题和部分企业领导人员进行了访谈，发现绝大部分企业高层能够认识到这一趋势对增强企业市场竞争力的重要性。调研中发现，少部分企业已经实现生产过程的智能化，大部分企业没有实现这一目标的主要原因是资金短缺。在生产过程智能化初期，企业需要投入大量资本，许多处在起步和发展期的科技型中小企业，对此只能望洋兴叹。此外，部分企业高层对企业未来发展趋势难以准确估计和把握，也导致了企业的反应相对迟缓。

科技型中小企业实现创新的主体为知识型员工，但是与大型高科技企业和科研院所相比，对创新起决定性作用的高层次人才在数量上是相对稀缺的。为此，企业必须充分发挥高层次人才的带动作用，通过形成结构合理的研发团队，带动更多的团队成员创造价值，逐步培育企业的核心竞争力。在此过程中，需要给予团队成员尤其是带头人更多的弹性和创新空间，这就必须充分发挥劳动契约灵活性的优势。德鲁克在《卓有成效的管理者》一书中，总结了企业有效性的五个原则，其中一条就是要求员工对上级指示要创造性地执行。[①] 要做到这一点，企业必须为员工营造宽松的工作氛围。如果像科学管理模式一样，用契约形式将一切条款都加以规定，并且完全按照固定条款执行，结果就会大大抑制知识型员工的创新与创造能力。因此，科技型中小企业应充分利用劳动契约的灵活性，创造条件，发挥隐性合同的催化作用，通过构建良好的合作机制，促进雇佣双方的长期深度合作。

5.2.3　劳动契约不完全性对合作的负向效应

(1) 机会主义行为及其危害

在雇佣双方的合作过程中，契约的灵活性固然促进了合作空间的拓展与合作效率的提升，但这些正向效应的发挥有一个基本前提，就是雇佣双方已经建立充分的信任关系。如果彼此之间缺乏足够的信任，那么在劳动关系博弈过程中雇佣双方都会存有戒心，都试图保护自己的信息，利用自身的信息优势谋求各自的利益最大化，甚至会通过信息的策略性歪曲，为了自身利益而损害他人利益。因此，契约的不完全性会诱发雇佣双方的机会主义行为，从而引发双向道德风险，破坏双方的合作机制，如何对机会主义行为进行抑制也就构成了劳动关系研究的一项重要内容。

所谓机会主义行为倾向，是指每个人出于对自我利益的考虑与追求，往往都具有随机应变和投机取巧的行为倾向，从而为自己谋取更大的利益。[②] 需要指出的是，这里的机会主义行为与经济学中的自利行为是存在差异的。在经济学研究中，假设驱使每个人作出经济选择的根本动机在于对自身利益的追求，但这种自利行为并不等于日常理解的"自私自利"，这种自利包含个人在满足自身利益的同时促进他人福利的改善和提高，在此过程中，个人并没有损害他人利益的主观愿望，自利目标可以通过市场等价交易实现，这也是亚当·斯密"看不见的手"原理所表达的核心思想。而机会主义行为则是利用信息的不完整和不对称，蓄意对信息进行歪曲、掩盖和误导，以牺牲他人的利益为代价，通过欺诈性手段追求自我利益的实现。由于机会主义行为的存在，组织内部不同利益相关者之间的关系变得错综复杂，雇佣双方的关系首当其冲。

如果经济行为人都不存在机会主义倾向，那么彼此之间的合作就没有较大的风险，合作目标也就容易实现。但是，出于追求经济利益最大化的动机，在契约不完全带来信息不对称的情况下，机会主义行为普遍存在，在构建合作型劳动关

---

① 德鲁克. 卓有成效的管理者 [M]. 许是祥, 译. 北京：机械工业出版社, 2005: 23.
② 崔驰. 现代市场经济条件下中国合作型劳动关系研究 [M]. 北京：经济科学出版社, 2013: 29.

系过程中雇佣双方所需的公平和信任原则遭到了破坏，双方的互利交易变得难以实现。为了保护雇佣双方的合作不受机会主义行为的影响，在劳动关系的治理中需要建立一种相应的机制，确保在缔结劳动契约后对雇主和雇员的行为进行双重监督和控制，以避免双向道德风险的发生。

在前述研究中，侧重分析了契约灵活性对科技型中小企业创新行为的有利影响。然而，由于创新行为的特殊性，在企业处于早期发展阶段，且人力资源管理水平没有达到一定高度时，雇佣双方都会产生机会主义行为倾向，破坏双方的长期合作。为了建立长期稳定的合作机制，这里首先需要对雇佣双方可能产生的机会主义行为进行分析。

(2) 雇员机会主义行为分析

从雇员的角度分析，由于理性个人总是以效用最大化为目标，在经济学中一般假设雇员期望效用是收入水平和个人努力的函数，且效用水平与收入水平正相关，与努力程度负相关。因此，雇员会尽可能选择以较低的努力程度获得较高的收入水平。而雇主为了实现利润最大化的目标，希望雇员能够在工作上投入更多的努力，并且将劳动报酬水平控制在一定范围内。如果雇佣双方能够达成完全契约，保证信息是充分和对称的，雇主可以对雇员的行为进行有效监控，那么雇员必须根据契约的要求完成组织目标，并在此约束条件下实现个人目标。但是对于科技型中小企业，由于面临的不确定性风险较大，雇佣双方达成的契约并不能明确规定合同期内所有可能出现的状况，双方的责权利关系在实践中也会随着企业可能出现的波动而发生一定程度的变化。契约达成后，研发、管理、销售和服务类员工的工作方式和工作努力程度，雇主并不能直接观察到。尽管这种状况有利于员工创新，但也为员工机会主义行为的出现留下了空间。

对于传统生产型岗位，员工机会主义行为主要表现为偷懒和消极怠工等，但由于科技型中小企业的生产岗位并非核心岗位，且生产方式正逐步实现自动化与智能化，这些机会主义行为已经相对较少，不是影响企业效率和雇佣双方合作的主要障碍。科技型中小企业面临的员工机会主义行为主要包括以下几个方面。

一方面，作为科技型中小企业核心业务的研发工作，一般采取团队形式进行，在团队内部，每个团队成员均需付出一定努力，经过成员之间的相互协作，最终创造出共同产出。在此过程中，每个成员对产出的边际贡献并不仅仅取决于个人的努力程度，还取决于其他成员的努力程度。研发团队成员的工作过程，尤其是成员之间的协作行为，难以直接观察，这一因素会诱发部分员工产生搭便车行为，导致这些员工消极工作的成本由团队其他成员分担，而消极工作的收益则由个人全部占有。[1] 这一问题的产生与契约本身的不完全性有很大关系，由于团

---

[1] 赵小仕. 劳动关系中的双向道德风险 [J]. 财经科学, 2009 (4): 65-72.

队工作成果难以完全按照个人贡献进行分解，劳动契约不能完全规定个人努力与个人收益之间的一一对应关系。

另一方面就是企业的核心机密问题。由于科技型中小企业内部的核心成员往往掌握企业的核心技术机密，如果缺乏严格的法律和制度约束，这些员工会出于对个人利益的追求，利用契约漏洞，将企业核心机密对外泄露，从而对企业发展造成致命打击。这一点也是在调研中发现企业高管最为关注和担心的。

此外，对于发展实力相对较弱的科技型中小企业，由于支付能力有限，员工的薪酬水平总体偏低，在企业没有实行末位淘汰等强制性控制措施的情况下，员工整体激励水平较低，普遍缺乏工作积极性，在契约不完全的情况下，雇员甚至会采取群体合谋策略共同应付雇主，由此造成的成本最终由雇主独自承担。[①]

（3）雇主机会主义行为分析

从雇主的角度分析，雇主在和雇员订立劳动契约时，考虑到劳动力市场上供求关系的变化，对劳动报酬的确定会留有一定余地，而不是完全固定不变。在契约执行过程中，雇主出于自利的动机，会利用劳动力市场供求关系的变化，对雇员的薪酬水平进行随机调整。尤其是当市场上供大于求时，即使企业效益较好，针对市场上替代性较高的员工，也会下调其薪酬水平，而员工出于对失去工作的担心，以及考虑到转换工作可能带来的成本，只能被迫接受工资水平下降的事实，最终使自己的切身利益受损。雇主这种出于自利目的而产生的机会主义行为，会与雇员的利益发生冲突，继而引发雇员的道德风险。

对于科技型中小企业的核心员工，由于其在劳动力市场上相对稀缺，雇主产生上述机会主义行为的概率相对较低，但其他机会主义行为还是会以隐蔽的形式体现出来。其中一种表现形式就是雇主在和雇员签订契约时，利用自身的信息优势，隐瞒有关工作难度和工作强度的信息，弱化工作难度和强度。当雇员真正执行契约规定的工作任务时，才发现实际工作与雇主提供的信息存在较大差距。这样，雇主利用契约本身的不完全性以及自己人为制造的契约缺口，在工作过程中过度使用劳动力，从而控制和占有更多企业剩余。另外一种表现形式就是，雇主利用大多数科技型中小企业财务信息披露不完善带来的漏洞，在确定企业收益分配时，故意违背雇佣双方确定的分配原则，分配重点向雇主自身倾斜，而对雇员关注较少，造成雇员利益的损害。

总之，由于科技型中小企业员工工作性质和工作过程的特殊性，工作任务往往以团队形式进行，且产出难以精确度量，为雇佣双方利用契约的不完全性产生机会主义行为提供了更多空间。尽管契约不完全性带来的弹性和灵活性促进了雇佣双方的深度合作和企业创新，但当双方均出现机会主义行为，并且其成本超过

---

① 米勒. 管理困境——科层的政治经济学分析 [M]. 王勇, 赵莹, 高笑梅, 等, 译. 上海: 上海三联书店, 2002.

契约的灵活性带来的收益时，便造成了雇佣双方利益的相互侵害，破坏了双方的长期深度合作机制。因此，如何对雇佣双方的机会主义行为进行有效抑制就成为构建合作型劳动关系的重要问题，而雇佣双方建立基于制度保障的信任机制正是解决这一问题的关键。

5.3　科技型中小企业信任机制的建立与信任关系的维持

5.3.1　信任的内涵及作用

作为雇佣双方合作机制的重要组成部分，本书所谈的信任是以劳动契约的不完全性以及雇主和雇员可能产生的机会主义行为为基础，为了促进雇佣双方的合作，在雇佣双方之间建立的一种信念。即使劳动契约无法将未来可能出现的所有情况通过条款形式清晰地加以规定，但双方都坚信只要通过努力并取得成果，在将来就一定能获得回报。这里的信任与上一节所谈的"隐性合同"相似，主要依靠雇佣双方形成的心理契约以及雇员对组织的认同等加以维系。对于信任的理解，不同的学者存在不同的看法。如经济学家沙贝尔认为，"信任是双方之间的互相信赖，相信在交易过程中，彼此都不会做出伤害对方的行为"[①]。按照这种观点，只要合作双方在合作之前都建立了一种预期，即双方在合作过程中都不会为了自身利益而产生欺诈行为，双方的信任就产生了。从组织行为学的视角看，史密斯、霍夫曼等人认为，信任是一种"互惠性利他行为"[②]，主要表现为合作中的一方对另一方的意图或行为有信心，预期对方的行为会是公平、友善和合乎伦理的，并且会关照对方的权利。由于双方彼此在心理上达成了这种默契，在行为表现上也就不会损害对方利益。从社会学的视角看，伯米利和康明等人认为，信任作为一种预期，就是期望对方能够尽最大努力实现承诺，不会发生占便宜的行为，[③] 即使对方遇到损人利己的机会，也不会利用这些机会侵害自己的利益。

在构建合作型劳动关系的过程中，机会主义行为的出现除了契约本身具有漏

---

① Sabel C F. Studies Trust: Building New Forms of Cooperation in a Volatile Economy[J]. Human Relations, 1993, 46(9): 1132 – 1170.

② Hoffman, McCabe, Vernon Smith. Behavioral foundations of reciprocity: Experimental economic and evolutionary psychology[J]. Economic Inquiry, 1998, 36(3): 335 – 352.

③ Bromily P, Cumming L L. Transaction Cost in Organizations with Trust[M]. Minneapolis: Strategic Management Research Center, University of Minesota, 1992.

洞外，一定程度上也与雇佣双方没有建立起信任关系有关。在缺乏信任的组织中，雇佣双方会利用各种机会相互欺诈，以不道德的行为维护自身利益，从而进一步破坏双方的信任关系，双方合作的深度和持久性也就无从谈起。本书所谈的信任关系，就是让雇佣双方建立一种良好的预期，保证双方在合作过程中不会发生相互欺诈行为，从雇佣双方的心理上，以及制度和机制上防止机会主义行为产生。

针对劳动契约不完全性诱发的雇佣双方道德风险问题，传统抑制手段主要包含法律、企业规章制度以及强有力的工会等。这些手段具有一定的强制力，但如果使用不当会造成双方关系的紧张与对立；在短期内效果较为显著，但从长远看会破坏双方之间的信任关系，为将来双方合作带来较大的不确定性，不利于长期合作关系的形成与维持。建立雇佣双方的信任关系，就是寻求双方更为稳固而高效的发展，减少由双方不信任而带来的不确定性。对于以创新为生命力的科技型中小企业，雇佣双方经过长期合作后，公平和信任成为组织的基本氛围和普遍共识，相互之间就可以减少猜疑，增加更多想象和创新空间。

在信任关系的建立过程中，组织对员工的认同首先会影响员工个体的认知和情感，认知和情感的逐渐深化会进一步影响员工的个体行为，从而促进组织绩效水平的提高。组织行为学的大量研究表明，组织信任与员工的工作动机、组织忠诚度、工作满意度、绩效水平及公民行为显著正相关，而这些行为及效果正是构建合作型劳动关系的内在要求。同时，雇佣双方信任关系的建立是一个长期过程，是雇佣双方经过长期精心培育后形成的，具有较强的路径依赖性，其内涵对于不同组织而言并不完全一致，与特定的组织文化、管理风格等密切相关，具有竞争对手难以模仿的特点，构成一个企业独特的竞争优势。[①] 如果脱离特定的组织环境，只是简单套用和移植某个企业成熟的信任管理措施，往往会造成"水土不服"现象，最终的合作效果将大打折扣。

5.3.2 科技型中小企业信任机制的建立

对于不同规模的组织，雇佣双方信任关系的产生方式是存在差异的。科技型中小企业规模相对较小，在企业建立之初，信任关系的建立更多地依赖于某些社会关系网。近些年，在政府有关政策的扶持下，科技型中小企业的雏形往往是以孵化形式体现的创业平台，而创业团队主要是由熟人、朋友、同学和亲戚等组成的社会网络，这种较强的人际连带关系形成的基础就是团队成员之间的相互信任。由于彼此之间有较为强烈的创业意愿，且受创业成功愿景的激励，他们能够进行比较充分的合作，很难出现具有欺诈性的机会主义行为。如果初次创业实现

---

① 宝贡敏，徐碧祥. 组织认同理论研究述评 [J]. 外国经济与管理，2006 (1)：39－45.

了预期目标，并且能够按照初期的约定分配所得收益，他们之间的信任关系就会得到巩固和深化。反之，如果在初期的收益分配方面违背了最初的约定，他们之间的信任关系就会遭到破坏，团队成员期望经过创业平台孵化后诞生的企业很有可能会"胎死腹中"。因此，单纯依靠人际连带关系形成的信任关系是相对脆弱的。

如果说在孵化期间信任关系的建立更多依靠长期人际关系形成的团队成员心理上的相互信赖，那么作为通过创业平台孵化后最终建立的正式组织，科技型中小企业内部信任关系的维持就不能仅仅依靠脆弱的人际连带关系，因为随着组织机构的建立，企业开始初具规模，员工数量也有所增加，企业内部的员工关系除了创业孵化期的合伙关系外，还包括逐步形成的雇佣关系，而劳动关系形成的基础是契约。随着组织正规化程度的提高，企业的正式规章制度需要逐步建立和完善。为了雇佣双方后期的充分合作，这些规章制度需要同时考虑雇主和雇员的意愿与需求，因此，这个过程是雇佣双方信任关系建立的首要环节。

无论雇主还是雇员，他们的需求都包含多个方面，但双方对于各自利益的追求还是放在第一位的，雇主首先考虑企业绩效的改善和提高，雇员首先考虑自身所处的工作环境和享受的工作待遇。尽管信任机制的建立需要雇佣双方在心理上达到互信状态，但这种互信的产生必须基于对彼此利益的关注。在企业规章制度的制定过程中，分配规则的制定是最重要和最敏感的话题。由于雇主在这一过程中占据主导地位，因此，如果分配规则符合员工的价值判断标准，员工能够体会到规则的公平性和合理性，从而形成合理的心理预期，即相信自己对工作的投入能够在将来得到相应的回报，信任也就随之产生。而这种信任关系能否维持，则取决于制度能否有效执行。如果制度得以有效执行，雇佣双方的利益得到满足，心理预期得以实现，他们之间的信任关系才算正式确立。如果在后续发展过程中，企业制度具有较强的连续性和稳定性，并且能够长期执行到位，双方之间的信任就能延续，双方的合作行为也就进入良性互动状态。相反，如果制度没有执行到位，特别是雇员利益受到损害，双方最初建立的信任便会遭到破坏，合作行为难以为继，甚至会演变为冲突行为。

以上分析表明，企业信任机制的建立是一个渐进的过程。尽管雇佣双方的相互信任是彼此之间达成的一种隐性心理契约，但信任的保障在于企业建立公平公正的制度并确保其执行。现阶段，我国大多数科技型中小企业信任关系的基础依然脆弱，以人际连带关系为基础形成的信任关系缺乏制度保障。虽然信任关系的建立需要双方在感情上达到共鸣，但感情共鸣的形成基础是公平公正的制度。如果在对员工的评价和激励中掺杂较多的感情成分，企业的整体信任度将会降低。科技型中小企业生存的关键在于创新，如果对创新型人才缺乏公正的绩效考核和薪酬激励，特别是没有从长期合作的视角进行公正考核与激励，员工在企业利润分享方面长期缺位，工作态度和工作行为将会较为消极，雇佣双方的合作也将难以为继。总体来看，雇佣双方的信任首先是一种相互承诺，并且是一种可置信的承诺。只有双方建立的心理预期在可预计的将来能够实现，信任机制才算真正建立。如果双方的期望最终只是难以实现的幻想，信任也将不复存在。

5.3.3 声誉效应及其信任关系的维持

由于信任一开始只是雇佣双方建立的一种心理预期，如果双方在合作过程中单纯追求自身利益，就存在一方或双方违约的风险，从而破坏双方合作的基础。而违约行为是否会发生，主要取决于各个利益主体对收益和成本大小的分析与判断。如果违约的收益大于遵守承诺的成本，违约行为就会有较高的发生概率。为了保证承诺的置信度，提高失信者的失信成本，对其因失信而造成的损害进行惩罚，原则上需要一定的保证金，确保相关当事人能够信守承诺。在这一问题上，许多学者提出了将声誉效应作为一种保证金。如周莉等（2004）提出，通过声誉才能解决劳动关系问题，通过让企业体会到守信带来的好处或者增加失信成本，促使企业信守承诺。[①] 在合作型劳动关系的构建中，声誉效应要同时体现出对雇佣双方的约束力。由于劳方在劳动关系博弈中大多处于弱势地位，因此，关于声誉的研究大多集中在企业一方。但研究科技型中小企业劳动关系问题，必须对雇员的声誉给予一定关注，因为企业的核心员工如果失信，造成企业技术或商业机密泄露，将会使企业发展陷入窘境，所以必须对雇员的失信行为进行一定的约束或惩罚。

从企业角度看，不同利益相关者关注的侧重点不同，对企业声誉的界定也就存在差异。Davies（2003）认为，在影响企业声誉的多种因素中，顾客和雇员是最重要的两类利益相关者。[②] 消费者是企业的外部客户，是产品和服务主要面向的对象，他们对企业声誉关注的重点在于产品和服务的质量、功能、价格、品牌和售后服务等多个方面。声誉是消费者对这些方面的综合评价，并且这一口碑效应是在比较充分的市场竞争基础之上，经历一个较长期的过程后逐步形成的，反映了消费者对企业的认可程度，是一个企业综合实力的重要体现。企业形成良好的声誉，将有助于企业进一步占有和扩大市场份额，获得更多投资和融资渠道，增加社会媒体对企业的关注程度，树立企业在市场上的良好社会形象。

而本书研究劳动关系问题，对企业声誉的界定主要来自企业现有员工以及通过劳动力市场将来可能进入企业的求职者对企业的评价。从企业现有员工的角度看，企业能否在员工中产生良好的声誉，首先取决于企业对现有员工直接利益的

[①] 周莉，蒲勇健. 非契约式承诺的契约化——民企内部劳资双方信用机制设计的博弈分析 [J]. 商业研究，2004（23）：112 – 113 + 173.

[②] Davis G. Corporate Reputation and Competitiveness [M]. London：Routledge Press, 2003.

满足程度。根据刘志刚（2006）的研究结果，工作待遇和工作环境对组织信任的影响力度最强，员工对这两个方面的感知度，直接关系到企业声誉。[①] 根据科技型中小企业的特点，为了使雇佣双方形成较长期的合作关系，以及让员工体会到工作待遇的公平性，企业必须建立兼顾稳定性和激励性的薪酬体系，保证员工工作的安全性和稳定性，让员工在相对安定的工作环境中投入研发等企业核心业务，同时以公平的绩效评估体系为基础，体现出激励的重点和差异性。在工作环境方面，除了稳定性外，科技型中小企业还需要关注工作团队、授权以及员工职业生涯发展等，通过营造较为宽松的工作环境，提高研发成果的产出和效率。企业形成良好的内部声誉，可以在企业内部发挥显性激励和隐性激励的双重效果，使雇佣双方的信任关系正式确立、巩固与延续。更为重要的是，它可以对外传递一种积极信号，促使企业发展进入良性循环系统。

  从外部来讲，企业在内部员工中形成的良好声誉主要影响企业对外部求职者的关注度和吸引力。虽然信任关系的建立需要一定的心理感情基础，但感情并不是单凭简单的主观印象和口头承诺就能建立的。我国现行的劳动力市场还不完善，市场传递的有关企业和求职者的信息有限，求职者只能笼统了解有关企业社会责任、承诺的收入、晋升空间等信息。但在现代媒体高度发达的当今社会，求职者可以通过多种渠道获取企业信息。随着微博、微信等自媒体的广泛应用，企业现有员工可以将有关企业声誉的信息及时向求职者传递。企业薪酬福利水平、晋升空间、培训发展机会以及内部人际关系等信息是求职者最为关注的，而企业现有员工可以将这些信息的实际情况进行较为准确的传递。有关企业的外部声誉最初就是这样形成的。科技型中小企业的创新活动需要源源不断地从外部补充新鲜血液，良好的外部声誉有利于企业吸引更多的优秀人才加盟，并尽快建立企业和员工之间的信任关系，促进企业快速发展。相反，如果企业声誉较差，不仅影响现有员工的向心力和凝聚力，破坏业已建立的信任关系，而且不利于企业所需优秀人才的引进，体现出声誉对企业的惩罚。

  从员工角度看，有关员工声誉的信息主要来自企业对员工的综合评价。现代社会，人才在不同组织之间流动是一种社会常态，但是从全社会的价值导向看，应该将个人声誉当作一个重要信号，组织可以根据这一信号决定人才的取舍。有关员工声誉的评价涉及多个方面，不同企业对员工评价的维度和标准各不相同，但是员工的忠诚度、敬业度、诚信度、协作意识、保密观念等应该成为基本评价指标。随着互联网技术的发展，应该在保护个人隐私的前提下，建立社会化人才评价体系，将员工声誉作为评价的一个重要维度，帮助企业更好地评价人才、识别人才。通过优胜劣汰的内部和外部竞争机制，对失信者予以警示和惩戒，从而引导员工维护自身声誉。对于科技型中小企业，员工声誉是维护雇佣双方信任的

[①] 刘志刚. 基于求职者视角的企业声誉评价研究［D］. 杭州：浙江大学，2006.

重要一环，因为员工失信对企业造成的损失是巨大的，不仅影响企业核心竞争力的形成，而且会有企业核心技术泄密的风险，因此，企业应该将员工声誉作为一种抵押，以增强对员工的约束力，促进雇佣双方更好地合作。

总之，在科技型中小企业合作型劳动关系的构建过程中，声誉可以作为维护雇佣双方信任关系的一种保障机制，以维护双方的合作行为。但是，声誉效应的发挥需要社会信用评价体系、社会化人才评价体系的建立和完善，媒体应该对失信者进行监督与曝光，劳动力市场需要提供真实的信号以方便供需双方准确识别。随着创新驱动成为国家发展战略，为了促进科技型中小企业健康发展，政府在制定相关产业政策的同时，应该制定和完善上述相应的配套政策和措施，这些政策和措施将在本书第 7 章进行阐述。

5.4　本章小结

在合作机制的形成中，企业如何看待和处理劳动与资本的地位问题是合作能否顺利进行的关键。"资本雇佣劳动"和"劳动雇佣资本"这两种假说均片面强调某一要素的绝对重要性，从而造成了二者地位上的差异。合作型劳动关系的构建要求突破这两种假说的界限，在企业经营管理过程中实现劳资合作，形成劳资共同治理的结构模式。

现阶段大多数科技型中小企业实行劳资共同治理还缺乏产权基础，雇佣双方关系的确立和维护主要依靠双方达成的契约。受有限理性和环境不确定性的影响，劳动契约具有不完全性，对雇佣双方的合作机制产生了双重影响。从正向角度看，契约的灵活性以及雇佣双方隐性合同的形成有利于双方在合作空间内争取更大的合作自由度，提高合作层次与合作效率。从负面角度看，契约的不完全性容易造成雇佣双方的机会主义行为，引发双向道德风险，破坏双方的长期合作。

为了促进雇佣双方更好地合作，企业需要在初创期以人际连带关系为基础建立信任关系。随着组织的正式化程度不断提高，需要以健全的制度为基础建立雇佣双方的信任机制。在合作过程中，通过完善社会信用评价体系和社会化人才评价体系，发挥声誉效应的积极作用，对双方的失信行为进行惩戒，为信任关系的建立与维持提供保障机制。

第 6 章
科技型中小企业劳动关系主体合作行为研究

为了更好地引导和促进科技型中小企业雇佣双方的合作行为，在合作机制提供制度保障的前提下，需要对雇佣双方合作的动因进行分析，并且根据不同的影响因素具体分析不同情境下雇佣双方的合作与冲突行为，通过整合双方行为，化解冲突，促进合作。在此过程中，雇佣双方的行为如何互动是影响合作效果的关键，本章将就这一问题展开分析。

6.1 科技型中小企业劳动关系主体合作的动因

在科技型中小企业，雇佣双方合作是建立在"双赢"的价值理念之上的。在双方合作过程中，只有兼顾双方的利益并确保其实现，才能产生持久合作的动力。在此过程中，受物质资本产权和人力资本产权力量对比、企业收益分配机制等多种因素的影响，雇佣双方利益的增进不可能完全同步。因此，在科技型中小企业发展过程中，协调雇佣双方的利益，使二者伴随企业的发展都可以有获得感，成为双方进一步合作的动因。这里借助经济学中的帕累托改进理论进行分析。

6.1.1 帕累托改进的基本内涵

帕累托改进，也称帕累托优化或帕累托改善，是以意大利经济学家帕累托（Vilfredo Pareto）命名的，是在帕累托最优的基础之上提出的。帕累托最优是指资源配置达到这样一种状态，在不减少一方福利水平的情况下，就不可能增加另一方的福利水平；而帕累托改进是指在一定的资源配置状态下，在不减少一方的福利水平时，通过改变现有的资源配置可以提高另一方的福利水平。所以，帕累托改进是从一个状态到另一个状态，而帕累托最优则是达到一种极值状态。如果一种资源配置已经处于帕累托最优，就不存在帕累托改进的余地；相反，如果存在帕累托改进的可能性，就意味着现实状态不是帕累托最优。

在劳动关系领域，雇佣双方的合作之所以能够得以实现和维持，很大程度上也在于通过合作能够促使雇佣双方利益的帕累托改进。对于科技型中小企业，随着企业创新性科技产品的推出，以及市场销售份额的不断扩大，雇佣双方都可以在不降低对方利益的前提下增加各自的利益，从而实现双方整体利益的提高。在这一过程中，虽然存在双方利益的相互博弈，但经过合作后，博弈的最终结果可以实现帕累托改进的目标。本书借助吕景春（2009）关于劳资合作博弈中利益的帕累托改进的分析思路①，结合我国科技型中小企业的特点，就雇佣双方合作的动因进行分析。

6.1.2 基于帕累托改进的科技型中小企业劳动关系主体合作的动因

雇佣双方之所以选择合作，是因为预期通过合作能够增加各自的利益。劳动关系本质上体现为人与人之间的经济利益关系，雇佣双方是劳动和资本两种基本要素的主体，由于其在市场上的力量对比、相关属性和需求偏好不同，导致了在劳资合作过程中会有不同的行为取向。尽管人的需求偏好表现出多元化的特征，但是对各自利益最大化的偏好具有一致性。在既定的资源、能力和环境约束下，每个人都根据不同的价值偏好，通过采取有利于自身的行为实现个人效用最大化的目标。对于劳动关系主体而言，如果通过合作能增进各自的利益，也就意味着各自的效用偏好得到了最大程度的满足。

科技型中小企业的生存和发展主要依靠创新性科技产品的研发、生产和销售，每一个环节的运行质量都直接影响企业的最终效益，尤其是对产品的研发设计，需要形成一支稳定的核心人才队伍。因此，合作型劳动关系的构建需要企业和每种类型的员工尽可能达成较长期的合作关系，而这种较长期的合作关系能否维系，则取决于雇佣双方能否通过合作实现各自预期的收益。对于雇佣双方的任何一方，在合作过程中合作偏好或合作意愿的强烈程度，往往与其在合作过程中的预期纯收益成正比。预期纯收益越大，合作的意愿就越强烈，合作的行为也就越符合组织的期望；相反，预期纯收益越小，合作的意愿就越小，合作的行为就会逐渐偏离组织的期望。为了便于衡量雇主或雇员对于合作的偏好程度，可以用各自对合作的预期纯收益与双方合作总预期纯收益的比值对合作的偏好程度进行表示，公式为：

$$P_L = \frac{LR}{TR}, P_K = \frac{KR}{TR}$$

式中，P_L 和 P_K 分别表示劳方和资方对合作的偏好程度，LR 和 KR 分别表示劳方和

---

① 吕景春. 论劳资合作博弈中利益的帕累托改进——基于"和谐劳动关系"的分析视角［J］. 经济学家，2009（4）：16–22.

资方的预期纯收益，TR 表示劳资合作所产生的总预期纯收益。

由前文公式可知，在总预期纯收益既定的情况下，劳方和资方对合作的偏好程度取决于各自的预期纯收益。在现实中，雇佣双方经过合作后获得的纯收益未必均等，尤其是科技型中小企业在没有建立利润分享制度的情况下，资方的利益一般会大于劳方的利益。即便如此，只要双方通过合作能够实现利益的帕累托改进，任何一方的利益都不会在此过程中受损，双方就存在继续合作的动力。劳资双方合作效应如图 6.1 所示。

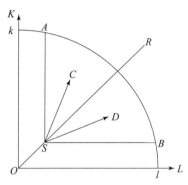

图 6.1　劳资双方合作效应

图中横坐标表示劳方的收益 L，纵坐标表示资方的收益 K。lk 表示在现行条件下劳资合作总收益的可能性边界，对于科技型中小企业，这一边界线的位置取决于现有的人才、资金和技术水平，特别是自主创新能力，以及市场需求状况等因素。lk 线与横坐标和纵坐标围成的区域为收益空间分布点，OR 线表示平均收益线，即在这条线上雇佣双方获得均等的利益。S 为 OR 线上的一点，S 点与 A 点和 B 点围成的直角扇形 SAB 区域中的任何一点均为雇佣双方收益的帕累托改进轨迹。需要说明的是，在现实中，绝大多数时候 S 点是偏离 OR 线的，即劳资利益的完全均等化仅仅是一种理想状态。如果资方处于强势地位，劳方处于弱势地位，S 点会位于 OR 的左上方；相反，如果劳方处于强势地位，资方处于弱势地位，S 点会位于 OR 线的右下方，这里将 S 点取在 OR 线上是出于研究的便利。在 SAB 区域内，以 S 为原点，引出两条轨迹线 SC 和 SD。其中，SC 位于 OR 线的左上方，SD 位于 OR 线的右下方，这两条线均表示雇佣双方利益的帕累托改进轨迹线。

在 SC 和 SD 两条轨迹线中，从 S 点到 C 点，轨迹线 SC 逐渐偏离平均收益线 OR，资方收益增加得多，劳方收益增加得少，劳资双方的收益差距在逐渐拉大，但雇佣双方的任何一方原有的收益水平都没有降低，而是都有所提高，因此这一变化过程属于帕累托改进过程。同理，从 S 点到 D 点，轨迹线 SD 也在逐渐偏离平均收益线 OR，从劳资双方收益的增加情况看，与 SC 轨迹线正好相反，劳方收益增加得多，资方收益增加得少，但这一过程同样没有降低雇佣双方原有的收益水平，而是双方的收益水平都有所改进和提高，因此这一变化过程同样实现了双方利益的帕累托改进。如果从合作的偏好程度看，在 SC 这条轨迹线上，因为资方获得的收益大于劳方，资方合作的偏好程度要高于劳方。随着 SC 这条轨迹线整体逐渐向 SA 偏离，资方合作的偏好程度逐渐提高，劳方合作的偏好程度逐渐降低，但即便如此，劳方的收益水平还在缓慢增加，并没有降低原有的收益水平，因此劳资双方存在继续合作的动力。在 SA 这条线上，资方获得了双方合作的全部收益，劳方没有增加收益，但并没有降低劳方原有的收益水平，双方仍然存在合作的可能性，只不过相对于资方，劳方合作的动力比较勉强，所以 SA 也是劳方参与合作的底线。如果劳方原有的收益水平降低，双方就不存在继续合作的基础了。同理，随着 SD 这条轨迹线整体逐渐向 SB 偏离，劳方合作的偏好程度逐渐提高，资方合作的偏好程度逐渐降低，但由于双方收益都有不同程度的增加，双方还可以继续合作。在 SB 这条线上，劳方获得了双方合作的全部收益，资方没有增加收益，从理论上讲这是资方合作的底线，如果资方原有的收益降低，双方也就无法继续合作了。但是在现实中，由于资方多数处于强势地位，这种情形一般不会发生。即使发生，从劳资双方长期合作的视角看，如果资方收益的暂时损失能够带来其收益的长期增加，双方还是可以继续合作的。

从以上分析可以看出，只要符合帕累托改进，劳资双方就存在合作的动因。但是在具体合作过程中，双方收益的增加并不同步。因此，尽管通过合作，双方收益都有可能改进，但是合作结束后，双方的收益差距也有可能进一步拉大，对双方下一步合作行为的选择造成一定影响。对于我国大多数科技型中小企业而言，由于战略定位不明确，人才队伍不稳定，科技产品市场竞争力有限，以及收益分配机制不健全等，雇佣双方在合作过程中合作行为的选择呈现出复杂和多元化的状态，因此需要对不同情形下双方的合作行为进一步深入研究。

6.2 科技型中小企业劳动关系主体的博弈分析

在博弈论中，决策主体的行为往往是直接相互作用的，经过决策主体的博弈，最终达到决策均衡。每个决策主体的效用函数不仅依赖于自己的选择，还依赖于他人的选择，决策主体最优的选择是其他人选择的函数。[①] 在劳动关系研究中，劳动关系主体的行为既包括双方的合作，也包括双方可能会发生的冲突。为了研究科技型中小企业劳动关系主体之间的冲突与合作行为，规避雇佣双方的冲突，引导双方更好地合作，本书运用博弈论对科技型中小企业雇佣双方的行为进行分析与描述。

---

① 张维迎. 博弈论与信息经济学 [M]. 上海：上海三联书店，2004：3-4.

6.2.1　静态博弈下雇佣双方的冲突行为分析

（1）囚徒困境模型的基本原理

在博弈论中，囚徒困境是一个典型的用来描述博弈双方行为选择的简单模型。囚徒困境主要描述两名案犯作案被抓后，警察没有掌握他们作案的足够证据，为了防止犯罪嫌疑人在提供口供的过程中相互串通，警察将他们分开隔离囚禁起来，以得到所需的口供。每个囚徒只有两种选择：坦白或抵赖。假设警察对于两个犯罪嫌疑人的政策是这样的：如果两个人都选择坦白，每人都会被判入狱3年；如果两人都选择抵赖，警察就难以掌握犯罪的充分证据，只能以妨碍公务罪判处每人入狱1年；如果一人选择抵赖一人选择坦白，选择抵赖的一方会被判入狱5年，而选择坦白的一方会获得宽大处理，被警方释放。囚徒困境博弈矩阵如图6.2所示。

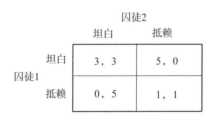

图6.2　囚徒困境博弈矩阵

对于警察的上述政策两个犯罪嫌疑人都是明白的。对于两个犯罪嫌疑人的任何一方，不管选择坦白还是抵赖，最终所得到的处理结果均取决于另一方所选择的策略。由于在策略选择过程中双方处于相互隔离的状态，一方是选择坦白还是抵赖，另一方并不知晓，因此双方的决策可以看作是同时进行的。在此过程中，博弈的规则、双方可供选择的策略、不同策略组合下双方的收益或成本都是相同的，两名嫌犯在选择策略时都是以自身利益最大化为目标。由于二人处于相互隔离状态，不知道对方会选择哪种策略，在此状况下，对于每个囚徒来讲，选择坦白对自己总是有利的，因为在自己选择坦白策略的前提下，对方选择抵赖时，自己就能摆脱囚禁，获得自由；如果对方也选择坦白，需要入狱服刑3年。相反，如果自己选择抵赖策略，当对方也选择抵赖时，自己只需服刑1年，但当对方选择坦白时，自己需要服刑5年。由于两人不能相互串通，囚徒中的任何一方，出于对自身利益最大化的追求，不论对方选择何种策略，选择坦白对自己总是比较有利的，最终的结果就是两人都选择坦白策略，各自入狱服刑3年。很显然，这个结果并不是最优结果，因为二人如果同时选择抵赖，只需各自入狱服刑1年即可。但是在二人相互处于隔离状态时，在各自追求自身利益最大化的前提下，最优结果很难实现，这便形成了所谓的囚徒困境。这个简单的博弈模型一定程度上反映了经济社会生活中个体和群体之间的相互矛盾或困境，即在理性行为的前提假设下，虽然个人的理性选择对自身可能是最优的，但从集体角度来讲未必是最优的，而集体的非最优选择最终会直接影响每个个体的现实利益。

（2）囚徒困境下雇佣双方的冲突行为

囚徒困境博弈模型运用到劳动关系领域可以解释一定条件下劳资双方所面临的冲突与合作的选择问题。本书从科技型中小企业面临的现实劳动关系问题出发，利用囚徒困境博弈模型对雇佣双方的冲突与合作问题进行分析。从本书前面的分析可以得知，我国科技型中小企业大多数为民营企业，发展历程较为短暂，很多是在近些年国家实施创新驱动的战略下应运而生的。企业发展所需要的资金、技术和人才相对匮乏，许多企业缺乏市场竞争力，在人力资源管理领域也缺乏现代管理理念的指引。对于处在起步和发展期的科技型中小企业，包括研发、管理和销售在内的核心人才是企业生存和发展的基石，能否将这些人才运用好、激励好，直接关系到企业的生存和发展。但是在调研中笔者发现，越是处在起步和发展的关键期，企业所面临的人才瓶颈问题越严重。这其中既包括人才难以引进的问题，也包括现有人才创新力度不足，企业绩效难以提高的问题。通过对访谈和问卷调查结果的进一步深入研究发现，之所以会出现这种状况，一方面与科技型中小企业的特定性质有关，另一方面也与企业的人力资源管理策略有关。

科技型中小企业属于高风险和高收益并存的组织，对于处在起步和发展期的科技型中小企业，随着市场竞争的进一步加剧，其面临的风险会更大。对于雇佣双方而言，交易过程会面临更大的不确定性。同时，由于人力资源管理理念和方法的滞后，雇佣双方往往缺乏足够的沟通。在此情形下，雇佣双方隐性和显性的冲突就不可避免了，对双方的合作则造成了较大损害，从而影响个人和组织绩效的提升。下面运用囚徒困境博弈模型对此进行分析和解释。

在这里，假设雇主和雇员分别担任囚徒 1 和囚徒 2 的角色，各自面临两种策略选择：合作或冲突。雇佣双方囚徒困境博弈矩阵如图 6.3 所示。

		雇员	
		合作	冲突
雇主	合作	4, 4	1, 5
	冲突	5, 1	2, 2

图 6.3 雇佣双方囚徒困境博弈矩阵

图 6.3 中的四组数字分别表示雇主和雇员选择不同策略的组合所带来的收益值。在囚徒困境博弈模型中，两名囚徒是被相互隔离开的，每人独立做出决策，

双方不能相互串通。在现实劳动关系中，尽管不能将雇佣双方从空间上相互隔离开来，但从上面的分析中可以看出，由于雇佣双方在交易中存在较大的不确定性，缺乏有效的沟通和交流机制，加之企业发展初期大多没有建立利润分享制度，雇佣双方之间往往缺乏足够信任，因此双方策略的选择也可以看作是在共同规则下各自独立作出的选择。

对于雇主而言，如果选择合作策略，他能取得的收益就取决于雇员策略的选择，如果雇员也选择合作，雇佣双方的收益均为4，如果雇员选择冲突，则雇主的收益只有1，而雇员的收益为5；同理，在雇主选择冲突策略的前提下，当雇员选择合作策略时，雇主的收益为5，雇员的收益为1，当雇员选择冲突策略时，雇主和雇员的收益均为2。在此情形下，基于对自身利益最大化的追求，雇主就会选择冲突策略，以提高自身的收益水平。同样，对于雇员而言，由于和雇主面临同样的博弈规则及可供选择的策略，并且不同策略组合下双方的收益水平都相同，因此基于对自身利益最大化的追求，雇员同样会选择冲突策略。最终，雇佣双方博弈的均衡点（纳什均衡）就是双方均选择冲突策略，各自的收益水平都是2。这样的结果对于雇佣双方而言并非最优结果，因为雇佣双方都选择合作策略时，双方均可以取得的收益水平为4。但是在双方没有建立信任基础，缺乏有效的交流与沟通机制的状况下，雇佣双方只关注自身利益的最大化，雇主可能通过增加工作强度、压低薪酬水平等措施提高企业利润水平，而雇员则可能通过采取消极的工作态度、较低的团队协作水平等措施降低企业的绩效水平，最终双方通过互相损害对方利益而形成"双输"的格局。

以上囚徒困境博弈模型，很大程度上解释了雇佣双方的非合作博弈过程。这个模型同样可以解释处于起步和发展期的科技型中小企业所面临的劳动关系形态。处在起步和发展期的科技型中小企业，往往缺乏长远的战略眼光和目标定位，产品和服务缺乏足够的市场竞争力，面临的风险水平较高；同时，企业内部的分配机制不健全，雇员对企业允诺的薪酬福利待遇抱有观望态度。因此，雇佣双方均面临交易的不确定性，管理者和员工之间容易形成隔阂，双方的冲突往往大于合作，不利于建立真正意义上的合作型劳动关系。需要指出的是，这里所讲的冲突与传统劳动关系中的冲突有一定区别。传统劳资冲突往往具有激烈的对抗性，表现为显性冲突；而科技型中小企业的冲突则一般表现为隐性冲突，如雇员工作态度消极，创新能力没有充分发挥，雇主对员工缺乏信任、授权有限，员工收入难以和企业利润保持同步等，最终使雇佣双方的利益都受损。

然而，如果从企业长期发展的视角分析，囚徒困境博弈模型则存在一定的局限性。因为这一模型是静态博弈分析模型，每个博弈主体只参与一次策略的选择，每个参与人的策略一旦选定后，就不能再对博弈过程施加影响，整个博弈的结局也就决定了。同时，这一模型只考虑了其他博弈主体的决策对自身的影响，而没有考虑自身决策对其他博弈主体的影响，因此，这种静态的博弈分析并不能完全反映现实中的劳资博弈关系。① 对于科技型中小企业这种追求持续创新的组织而言，雇佣双方需要在动态博弈中建立长期合作关系，也就需要借助其他博弈分析模型展开进一步分析。

6.2.2 动态博弈下雇佣双方的合作行为分析

与囚徒困境博弈模型的静态博弈不同，动态博弈有两种类型，一种是重复博弈，即改变囚徒困境模型中一次性博弈的假定，使同样结构的博弈重复多次进行；另一种是序贯博弈，即考虑博弈主体的行动有先后顺序的情况，先行动者作出策略选择后，后行动者根据先行动者的选择所传递的信息调整自己的选择，先行动者也会意识到自己的行动会对后行动者传递有关信息而在选择策略时进行理性选择。考虑到劳动关系主体即雇主和雇员在现实策略选择中往往是相互作用的，这里利用序贯博弈模型对劳动关系主体的合作行为进行分析。

(1) 薪资水平固定时雇佣双方的合作行为

在序贯博弈分析中，博弈树是主要的分析工具之一，是表示有限参与者进行有限策略动态博弈的一种树形图。博弈树可以清楚地表明博弈的行动先后顺序，并且能够给出有限博弈中包含的几乎所有信息。博弈树由结、枝和信息集组成，结包括决策结和终点结两部分，决策结代表博弈参与人及其采取行动的时点，终点结是博弈行动路径的终点，即各条博弈路径最终实现的不同博弈结果；枝是博弈树上从一个决策结到下一个结之间的连线，每个枝分别代表博弈主体所采取的行动策略；信息集是由博弈树上所有决策结分割成的不同行动策略及其实现的博弈结果。假设每一个参与博弈的主体所掌握的信息是充分且完备的，且都明确每一种博弈路径最终的结果，那么就可以剔除包含着不可置信的威胁策略，剩下的博弈路径将展现出实际可能会出现的均衡结果，"子博弈精炼纳什均衡"这个概念就是用来描述这一结果的。② 用博弈树表示的动态博弈也称扩展式博弈，而子博弈是扩展式博弈的一部分，是从一个单结信息集（只包括一个决策结的信息集）开始的与所有该决策结的后续结（包括终点结）组成的一个单独博弈。如果扩展式博弈的某个策略组合满足两个条件，一是这个策略组合是原博弈的纳什均衡，二是它在每一个博弈上也都构成纳什均衡，那么这个策略组合就是一个子博弈精炼纳什均衡。

科技型中小企业的雇主和雇员，可以利用序贯博弈对雇佣双方的动态博弈过程进行分析。考虑到科技型中小企业自身的特性，利用委托—代理理论能较好地

---

① 罗宁. 中国转型期劳资关系冲突与合作研究——基于合作博弈的比较制度分析 [M]. 北京：经济科学出版社，2010：70.

② 张维迎. 博弈论与信息经济学 [M]. 上海：上海三联书店，2004：163 - 169.

阐明二者的相互关系。在这里，雇主是委托方，雇员是代理方，也就是被委托方，委托方的利益与被委托方的行为有密切关系。科技型中小企业的绩效主要取决于创新型人才的创新行为，其中以研发设计人才为主，同时也包括关键管理人才、生产人才和销售人才等。但是作为以脑力劳动为主的员工，企业很难直接控制其工作行为，对员工工作过程的监督也存在较大困难，只能通过报酬等形式间接影响员工的工作行为。由于科技型中小企业的研发和设计存在较高的不确定性，成功和失败的可能性并存，产品市场竞争力也容易受到技术和市场需求波动的冲击，因此，最终的绩效并不完全取决于代理方的工作情况，在这种情况下，监督问题就无法避免。但考虑到实施监督存在较大的难度，委托方必须思考用什么样的手段能够促使代理方的行为符合委托方的利益。雇主作为委托方可以利用的手段主要是委托合同的设计，而委托合同的核心条款主要是工资、奖金或利润分享等薪酬制度，因此委托－代理关系就表现为以薪酬为纽带的双方行为的博弈。

就科技型中小企业的雇佣双方而言，一方采取的行动或策略会直接影响另一方行为策略的选择，假定作为率先采取行动的一方主要采取薪酬策略，那么就可以利用委托－代理理论，通过扩展式博弈中的子博弈精炼纳什均衡分析雇佣双方的合作博弈行为。

为了研究的便利，假设科技型中小企业的产品价格和员工的工资水平都由市场决定，同时假定雇主首先决定给予雇员的薪资水平。考虑到企业经营可能会面临的风险，以及员工在工作过程中合作行为的选择，这里的薪资水平是相对固定的，暂时不考虑企业盈利后分享企业利润的问题，这样员工能够在行为选择之前有一个比较稳定的预期，此时雇主有两种选择：高薪资或低薪资。雇主选定策略后，雇员行为策略的选择同样有两种：高努力和低努力。据此，可以根据雇佣双方选定的不同策略绘制出如图6.4所示博弈树。

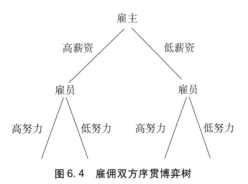

图6.4　雇佣双方序贯博弈树

图6.4中，雇主和雇员构成决策结；雇主下面的两个枝分别表示雇主的高薪资和低薪资两种策略，雇员下面的两个枝分别表示雇员的高努力和低努力两种策略；决策树的末端，即终点结代表四种不同的博弈结果，主要表现为雇主和雇员

在不同博弈结果下各自的收益水平。

假设双方的博弈方式如下：雇主首先决定薪资水平，用 W 表示，构成企业投入的成本部分，并且是相对固定的，只要企业经营过程中没有遇到太大的风险，企业就需要按照事前的承诺支付给员工，薪资水平越高，企业支付的成本越多，这里暂且不考虑企业盈利水平提高后为员工分享利润的问题；雇员在得知雇主给定的薪资水平 W 后，根据 W 的高低选择努力程度 E，努力程度越高，E 越高，企业的绩效水平越高，因此 E 是 W 的函数，即 $E(W)$。对于雇员来讲，W 的提高有利于刺激雇员努力工作，从而提高 E，但 E 的提高又会降低雇员的效用水平，即影响雇员工作之外其他需求的满足，因此，雇员总的效用水平 U 可以表示为 W 和 E 这两个变量的函数，即 $U = U(W, E)$，其中，$U_W > 0$，$U_E < 0$。

假定企业在经营过程中单纯以利润最大化为追求目标，则企业的利润函数为：

$$\pi = R(E) - C - W - T$$

式中，R 为企业总收益，是员工努力程度 E 的函数，C 为企业支付的除员工工资之外的其他固定成本和流动成本，T 为企业缴纳的税费，设 C 和 T 均为常数，因此，这里的利润 π 为企业的净收益。假设企业总收益 R 是随着员工的努力程度 E 逐渐递增的，$R(E)$ 是严格递增的凹函数，即 $R' > 0, R'' < 0$。

这里首先求解在雇主给定薪资水平 W 的情况下，雇员的努力程度 E。设 E^* 是雇员效用最大化时的努力程度，雇员效用最大化函数为：

$$\mathrm{Max} U(W, E)$$

上述函数的最优一阶条件为 $U_W + U_E E_W = 0$，即 $E_W = -\dfrac{U_W}{U_E}$。由于 $U_W > 0$，$U_E < 0$，因此 $E_W > 0$。

上述结果意味着雇员实现效用最大化所需的努力程度 $E^*(W)$ 是薪资水平 W 的递增函数。

从雇主的角度看，如果预期雇员将根据薪资水平 W 选择努力水平 E，则在 $E^*(W)$ 水平下，雇主实现利润最大化的函数为：

$$\mathrm{Max} \pi(W, E^*(W)) = R(E^*(W)) - C - W - T$$

上述函数的最优一阶条件为 $R'(E(W^*))E_W - 1 = 0$，将 $E_W = -\dfrac{U_W}{U_E}$ 代入该式，可得：

$$R'(E(W^*)) = \frac{1}{E_W} = -\frac{U_E}{U_W}$$

上式左边是雇主增加薪资水平对企业收益的边际影响，右边是雇员的边际替代率，即为了增加薪资的正效用而放弃的努力工作的负效用。从该式可知，雇主会选择薪资水平 W^*，在 W^* 上实现企业利润最大化，子博弈精炼纳什均衡的结

果是 $(W^*,E^*(W^*))$。通过以上分析可知,在序贯博弈的情形下,由于雇主考虑到了薪资水平对雇员工作努力程度的影响,而雇员的工作努力程度又直接影响企业的收益水平,因此,雇主会通过提高雇员的薪资水平实现自身收益的最大化。相反,如果雇主降低薪资水平以减少企业成本支出,雇员通过降低努力程度减少工作带来的负效用,雇佣双方就很难达到共赢的目标,也不利于后续合作行为的实施,因此 $(W^*,E^*(W^*))$ 很可能是一组雇佣双方的合作博弈解。

(2) 实行利润分享后雇佣双方收益的变化与行为分析

以上分析重点考察了雇主和雇员中的一方选定策略后,对另一方行为选择造成的影响,通过序贯博弈分析,找出了双方可能的合作博弈解。但是上述扩展式博弈分析模型为了能够对雇员形成稳定的收入预期,假定企业支付的薪资水平是相对固定的。但是正如前文所分析的,对于科技型中小企业这种以创新为生命力的组织而言,人力资本价值含量较高的员工所占比重相对较高,且他们创新能力的发挥直接关系到企业的生存和发展。而人力资本产权的实现则直接体现为人力资本收益权的实现,这里的收益不仅包括较为稳定的基本薪酬部分,而且包含分享企业的部分利润。考虑到创新存在的风险,科技型中小企业在经营过程中面临的不确定性往往高于其他行业,即便是雇主选择了高薪资,雇员选择了高努力,最终结果仍然是成功和失败并存,对于研发和设计等岗位的员工尤为明显。以研发为例,假定在上述博弈树中,雇主选择了高薪资,雇员选择了高努力,最终结果包含成功和失败两种情况,那么形成的博弈树则如图6.5所示。

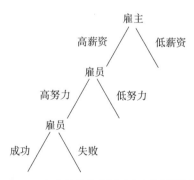

图6.5 包含结果的雇佣双方序贯博弈树

在上述博弈树中,假设成功的概率为 P,失败的概率为 $1-P$。如果成功,企业利润为 π;如果失败,企业利润为 π'。这里的 π' 是基于企业已有的资金、人才和技术成果,以及原有市场需求而产生的,且 $\pi > \pi'$。这样,企业的预期利润水平就可以表示为 $\pi P + \pi'(1-P)$。如果企业给员工支付的报酬仅包括预先承诺的基本薪资,则当研发成功时,雇员和雇主获得的收益组合为 (W,π);当研发失败时，雇员和雇主获得的收益组合为 (W, π')。当企业给员工支付的报酬除了基本薪资外，还包括企业部分利润时，双方的收益组合就会发生变化。假定企业给员工分享的利润比例为 α，企业分享的比例为 $1-\alpha$，当研发成功时，雇员和雇主获得的收益组合为 $(W+\alpha\pi, (1-\alpha)\pi)$；当研发失败时，雇员和雇主获得的收益组合为 $(W+\alpha\pi', (1-\alpha)\pi')$。从短期角度看，实行利润分享后，雇员的收益增加，雇主的收益减少。在雇佣双方力量对比失衡的状态下，尤其是雇主力量强大的话，雇主是不会主动让雇员分享企业利润的。

然而，科技型中小企业的创新是一个长期的持续行为，即使创新失败，企业和员工也可以汲取经验和教训，进一步改进创新计划，在下一个创新周期取得进展和突破。因此，企业应该从双方长期合作的视角看待与员工的关系，注重长期激励机制的良好设计，实现企业的可持续发展。从调研结果的总体情况看，我国科技型中小企业所需的关键人才还是相对短缺的，而关键人才的流失无论是对处在起步和发展期的科技型中小企业，还是对已经进入成熟期的科技型中小企业，其损失都是致命的。对于人力资本价值含量较高的关键人才，其人力资本收益权无法充分实现往往成为流失的主要原因。上面的分析，只是从短期静态的视角分析了在员工没有获得利润分享权的情况下，员工和企业的收益情况，即当研发成功时，雇员和雇主获得的收益组合为 (W, π)；当研发失败时，雇员和雇主获得的收益组合为 (W, π')。以上收益组合仅仅关注了当期双方的收益情况，如果员工因为没有分享企业部分利润而选择从企业离职，并且将离职成本也考虑进去的话，企业的收益就会出现一些变化。

这里需要考虑的一个主要因素就是重置成本。重置成本是指用一位能够在既定职位上提供同等服务的人员代替目前正在该职位上的人员时，必须付出的代价。重置成本包括员工的离职补偿费用、离职管理费用、离职前的效率损失、空职成本、新员工的招聘与培训费用等。对于科技型中小企业的核心人才，由于其培育周期较长，所花费的成本更高，离职后空缺的岗位即使在短期内得到了弥补，但新员工到岗后在短时间内很难达到原有员工的效率水平，由此造成的培训成本和效率损失均是重置成本的组成部分。尽管在会计核算时，这些成本要计入下一个或几个核算周期，但考虑到这些成本是由不恰当的长期激励机制引起的，同时出于研究问题的便利，这里将所有重置成本计入没有实行利润分享的这个研发周期内，并且用 D 表示。这样，在不实行利润分享的情况下，当研发成功时，雇员和雇主获得的收益组合为 $(W, \pi - D)$；当研发失败时，雇员和雇主获得的收益组合为 $(W, \pi' - D)$。如果将重置成本和利润分享加以考虑，雇主和雇员收益组合对比情况如表 6.1 所示。总体来看，将重置成本计入后，雇员的利益没有受到损失，雇主的收益有所减少。在此情形下，企业是否让员工分享企业的部分利润，关键是要对利润分享前后雇主的收益进行对比。

表 6.1 雇员和雇主收益组合对比情况

	成功时的收益组合	失败时的收益组合
利润分享前 （不考虑重置成本）	W, π	W, π'
利润分享前 （考虑重置成本）	$W, \pi - D$	$W, \pi' - D$
利润分享后	$W + \alpha\pi, (1-\alpha)\pi$	$W + \alpha\pi', (1-\alpha)\pi'$

从表 6.1 可知，实行利润分享后，研发成功和失败时雇主的收益分别为 $(1-\alpha)\pi$ 和 $(1-\alpha)\pi'$，经过整理后分别为 $\pi - \alpha\pi$ 和 $\pi - \alpha\pi'$，然后分别比较 $\pi - D$ 和 $\pi - \alpha\pi$，以及 $\pi' - \alpha\pi'$ 和 $\pi' - D$。当 $D > \alpha\pi$ 和 $D > \alpha\pi'$ 时，$\pi - D < \pi - \alpha\pi$，$\pi' - D < \pi - \alpha\pi'$；当 $D < \alpha\pi$ 和 $D < \alpha\pi'$ 时，$\pi - D > \pi - \alpha\pi$，$\pi' - D > \pi' - \alpha\pi'$。这里的 $\alpha\pi$ 和 $\alpha\pi'$ 分别表示研发成功和失败时员工可分享的利润水平。从这里的分析可以看出，不管研发成功还是失败，当关键人才流失造成的重置成本高于企业给员工分享的利润水平时，企业会选择让员工分享部分利润；反之，企业则不会让员工分享利润。对于科技型中小企业，关键人才在市场上的稀缺程度往往较高，其重置成本也相对较高，因此，帮助员工充分实现人力资本收益权是雇主和雇员双赢的选择，也是双方持续合作的动力所在。

6.2.3 工资与雇佣量存在替代关系下雇佣双方的合作区间分析

在前面的博弈分析中，无论雇主还是雇员，其关注的收益均侧重于双方的经济收益。但是在合作型劳动关系的构建中，雇员除了关注自身的经济收益外，还关注工作的稳定性和保障性，如果雇员失去工作的风险较高，其合作的动力和持续性会大大减弱。科技型中小企业总是面临持续创新的压力，同时与大型高科技企业相比，缺乏稳定的高素质人才队伍往往是企业发展过程中的主要短板，因此迫切需要保持核心人才队伍的稳定性。合作型劳动关系的构建必须同时兼顾雇主和雇员的利益。在劳动力市场上，雇主基于利润最大化的目标，工资和雇佣量总是存在一种替代关系，即工资的上涨会给雇主提供一种用资本替代劳动的刺激，当生产成本提高到一定程度时，企业可能会面临缩小经营规模的压力。因此，在为雇员提供具有激励性高薪酬的同时，将企业雇佣量稳定在一定水平，从而确保核心员工的稳定性，是维系雇佣双方合作的重要支撑。合作型劳动关系的构建，就是要在薪酬和雇佣量二者之间寻求平衡，找出雇佣双方可能的合作区间。

在合作型劳动关系构建的理论分析中，曾提到劳动关系的共治问题，无论共治还是合作，一个重要的基本前提在于雇佣双方在力量对比上均达到大致相互制衡的状态。如果双方力量对比悬殊，一方处于绝对强势，另一方处于绝对弱势，那么双方的冲突往往大于合作。在劳动关系研究中，劳动关系利益的协调一般涉及两大组织间的行为，即雇主组织和工会组织。由于传统上劳方在劳资博弈中处于弱势，因此在研究企业劳动关系的调整问题，尤其是劳资集体谈判时，一般以工会组织为线索，分析其行为理论和影响。在所调研的科技型中小企业中，工会的组建率为65%左右；即使组建了工会，其独立性包括职能与西方国家相比还存在较大的差异。但是考虑到科技型中小企业以创新为使命的特殊性，核心人才队伍的地位凸显且往往具有较高程度的稀缺性，大体可以形成与企业相抗衡和对等的力量，因此，这里借用劳动经济学中的集体谈判模型对雇佣双方的合作区间问题进行研究。

在集体谈判模型中，假定雇员一方有能力单方面确定劳动力的价格，雇主就只能在既定的工资率下通过调整雇佣量实现自己利润最大化的目标。但是就构建合作型劳动关系而言，工作条件和工作待遇并不是由雇主或雇员单方面确定的，而是由雇佣双方通过协商谈判共同确定的。在此过程中，双方都试图使自身的福利状况得到改善。因此，这里的合作区间就是一系列至少可以使其中一方获益而不使另一方受损的工资和雇佣量组合，即能够实现帕累托改进的工资和雇佣量组合，正如前文所述，这正是雇佣双方合作的动因所在，这些组合可以称为"效率合约"。雇佣双方的合作区间模型如图6.6所示。

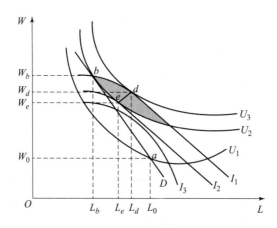

图6.6　雇佣双方的合作区间模型①

图中D为劳动力需求曲线，U_1、U_2、U_3分别代表雇员实现不同效用的无差

---

① 通过对劳动经济学中的效率合约曲线适当修改后绘制而成，参见：杨河清，王守志. 劳动经济学[M]. 2版. 北京：中国人民大学出版社，2010：366.

异曲线，同一条曲线代表的效用水平是相同的，且 $U_3 > U_2 > U_1$。由于雇主要追求利润最大化，那么在雇员效用不变的情况下，工资增加所导致的效用提高需要用雇佣量的减少进行补偿。因此，无差异曲线的斜率为负，即边际替代率递减，且无差异曲线越远离原点，代表其效用水平越高，因为这样可以实现更高水平的工资和雇佣量组合。I_1、I_2、I_3 为三条等利润曲线，等利润曲线是一条由一系列的工资和雇佣量组合所形成的轨迹。只要在同一条等利润曲线上，按照一定的工资率投入相应的雇佣量，雇主所获得的利润都是相同的。在这三条等利润曲线中，较高的等利润曲线（远离原点）代表的雇主利润水平较低，因为在既定的雇佣量水平上，较高的等利润曲线所对应的工资率比相对较低的等利润曲线对应的工资率要高，说明在较高的等利润曲线上企业的人工成本相对较高，利润水平相对较低，因此 $I_3 > I_2 > I_1$。

为了论证雇佣双方合作比单方决定工作条件更能实现帕累托改进的目标，这里首先考虑由雇员一方单方面确定工资时所决定的雇佣量和工资率。如果雇员一方力量弱小，难以和企业展开集体谈判，在市场力量的推动下，工资率达到 W_0 的水平，雇佣量达到 L_0 的水平，均衡点在图中的 a 点，a 点与 U_1 这条无差异曲线相交，表明在这一点上雇员实现的效用水平较低。如果雇员一方的力量增强，工会与雇主展开集体谈判，且雇主只能被动地接受工会提出的工资要求，即谈判工资率是确定的，雇主为了实现利润最大化的目标，只能根据劳动力需求曲线 D 确定自己的雇佣量，而工会也只能在劳动力需求曲线这一约束条件下寻求工资和雇佣量的最佳组合，从而实现自身效用的最大化。由于在市场推动下形成的工资和雇佣量组合 (W_0, L_0) 所代表的雇员效用水平较低，因此，雇员一方的力量增强后，必然要求提高其效用水平，最理想的状况是达到 U_3 的效用水平。但是受劳动力需求曲线的约束，雇员达不到如此高的效用水平。基于这种情况，工会只能通过集体谈判尽可能使谈判结果向 b 点处移动。在这一点，劳动力需求曲线 D 正好与无差异曲线 U_2 相切，形成的工资和雇佣量组合为 (W_b, L_b)，这一点正是在劳动力需求曲线这一约束条件既定的情况下，雇员一方所能实现的最高效用水平。此时，企业的利润处在 I_1 这条线所代表的水平上，利润水平相对较低。

这里可采用里昂惕夫模型对此进行说明。与上面的情形相对应，这一模型假设工会首先决定薪资水平 W，企业接受 W 后决定雇佣量水平 L，那么 L 就可以表示为 W 的函数 $L(W)$。由于工会以效用最大化为目标，且效用水平主要表现为自身收入最大化和就业的稳定性，因此工会的效用函数可表示为 $U(W,L)$，且 $U_W > 0$，$U_L > 0$，即工会的效用是工资和雇佣量的递增函数。雇主以利润最大化为目标，其利润函数可表示为：

$$\pi(W,L) = R(L) - WL$$

这里假定 $R(L)$ 是一个严格递增的凸函数，即 $R' > 0, R'' < 0$。在确定的薪资

水平 W 下,雇主实现利润最大化的函数为:

$$\text{Max}\pi(W,L) = R(L) - WL$$

最优一阶条件是 $R'(L) - W = 0$,即 $R'(L) = W$,也就是边际收益等于边际成本。由于边际收益是递减函数,因此上述一阶条件意味着企业对雇佣量的需求 $L(W)$ 是随着薪资水平 W 递减的。

工会给定工资率后,预期企业会根据给定的工资率选择雇佣量 $L^*(W)$,那么工会会选择实现自身效用最大化的工资率 W^*。L^* 处工会效用最大化的函数为:

$$\text{Max}U(W,L^*(W))$$

最优一阶条件为 $U_W + U_L L_W^* = 0$,整理后可得:

$$-\frac{U_W}{U_L} = L_W^*$$

等式左边为工会的边际替代率,右边为企业劳动力需求曲线的斜率。这意味着工会为实现自身效用最大化,会选择薪资水平 W^*,使得在 W^* 处自身的无差异曲线与企业劳动力需求曲线相切。按照序贯博弈分析模型,$(W^*, L^*(W^*))$ 是一个子博弈精炼纳什均衡结果,如图 6.6 中的 b 点即符合这一要求。

如图 6.6 所示,b 点是在确定的谈判工资率下,在劳动力需求曲线这一约束条件下雇员所实现的最高效用水平,雇主一方只是被动地接受工会提出的工资要求。但是要构建互利共赢的合作型劳动关系,必须同时兼顾雇主和雇员的利益,包括工资和雇佣量等在内的劳动条件等并不是由单方确定的,而是雇佣双方在力量大致均衡的前提下,通过共同协商谈判来确定的。基于此,b 点就未必是最有效率的组合。

由于不是雇员单方面确定工资,劳动力需求曲线这一约束条件就相对弱化了,雇佣双方有更多协商谈判的空间。假设双方的决策点不再确定在 b 点,而是经过协商谈判后确定在 d 点,对应的工资和雇佣量组合为 (W_d, L_d),与 b 点所确定的工资和雇佣量组合相比,工资水平有所下降,雇佣量有所增加。从雇员的效用角度看,效用水平从 U_2 这条无差异曲线到了代表效用水平更高的 U_3 这条无差异曲线,雇员的福利得到了改善。雇主的利润水平虽然没有增加,但是也没有受到任何损失,还是保持在 I_1 这条等利润曲线上。因此,这种变化的确是帕累托改进的过程。同理,如果经过协商谈判后将决策点确定在 e 点,对应的工资和雇佣量组合为 (W_e, L_e),与 b 点相比,雇佣量有所增加,工资水平有所降低,雇员的效用虽然没有发生变化,但雇主的利润水平得以提高,因此,这一改变过程同样实现了帕累托改进。事实上,经过雇佣双方的共同协商谈判,可以找到一系列与 d 点和 e 点类似的点,这些点与 b 点相比,均可以实现帕累托改进。图中的阴影部分就是所有这些点的集合,可以称为效率合约,也是雇佣双方的可合作区间。

由于工资和雇佣量是雇佣双方共同协商确定的，因此，雇佣双方在协商谈判过程中主要是寻求双方都能接受的工资和雇佣量组合。考虑到工资和雇佣量之间存在相互替代关系，这里还是假设雇佣量是工资的函数，即 $L = L(W)$。这样，雇员实现效用最大化的函数和雇主实现利润最大化的函数分别为：

$$\text{Max}U(W, L(W)), \text{Max}\pi(W, L(W))$$

这两个函数的最优化一阶条件分别为 $U_W + U_L L_W = 0$ 和 $\pi_W + \pi_L L_W = 0$，经整理后可得：

$$-\frac{U_W}{U_L} = L_W, \quad -\frac{\pi_W}{\pi_L} = L_W$$

即：

$$-\frac{U_W}{U_L} = -\frac{\pi_W}{\pi_L}$$

等式左边和右边分别表示雇员和雇主的边际替代率，满足这一要求的工资和雇佣量组合正好处于无差异曲线和等利润曲线相切的点上，因此，效率合约就是那些能够使雇主的等利润曲线与雇员的无差异曲线相切的点。在这些点上，雇佣双方任何一方福利的增加都会使另一方福利受损，已不存在任何帕累托改进的可能，也就是实现了帕累托最优。如果将无数条雇主的等利润曲线和雇员的无差异曲线的切点连接起来，如图6.6所示，可得到曲线 ed，ed 可以称为效率合约曲线。当然，在 ed 所有的决策点上，雇佣双方并不是完全无差异的，雇员的偏好更接近于 d 点，因为这样意味着可以实现更高的效用水平；雇主的偏好更接近于 e 点，因为这样意味着可以实现更高的利润水平。最终的协商谈判结果究竟处在效率合约曲线的哪一点上，主要取决于雇佣双方谈判力量的大小。对于科技型中小企业内部的核心员工而言，双方的谈判力量大体处于均衡状态，这一点大致会围绕效率合约曲线的中间位置波动。但无论如何，在合作型劳动关系的构建中，雇佣双方只有在可合作区间内围绕效率合约曲线寻找双方均可接受的决策点，才能在工资和雇佣量相互替代的约束条件下，实现双方利益的最大化。

6.3 科技型中小企业劳动关系主体的行为选择

以上分析对科技型中小企业雇佣双方合作的动因进行了探讨，并侧重从博弈的视角对双方在合作过程中的行为进行分析。总体来看，双方在合作过程中基于各自的利益追求，有合作也有冲突。为了能够更好地促进双方的合作，结合以上分析及调研结果，下文将就雇佣双方在合作过程中的行为选择进行探讨。

6.3.1 雇佣双方的冲突行为

在传统劳动关系研究中,作为劳动关系主体的劳资双方由于各自追求的利益差异,往往处于相互对立的状态。在构建合作型劳动关系的过程中,特别强调雇佣双方利益的相互整合,但这种整合并不是完全消除双方的利益差异。从科技型中小企业的现实情况出发,引发雇佣双方利益冲突的因素还是客观存在的。我国科技型中小企业虽然在20世纪80年代就开始出现,但绝大部分是在近些年国家提出创新驱动战略后涌现的,且民营企业占主体。由于科技型企业在资金、技术和人才等方面的门槛较高,因此,科技型中小企业与大型高科技企业相比,在发展过程中面临天然的劣势,加之近两年国家提出"大众创业、万众创新"的战略举措,企业之间的竞争更趋激烈。在此背景下,雇佣双方的冲突难以避免。

主要从事研发设计的科技型中小企业,一般属于项目驱动型组织,企业规模较小,员工数量相对较少,组织结构往往呈现出扁平化的态势。为了应对技术变革和市场需求变化对企业战略环境带来的不确定性,企业在用工方面都保持一定的弹性,很多企业采用了以任务为导向的灵活用工方式,包括使用大量实习生和人才外包等。从企业降低成本的角度看,这些用工方式有其合理之处。然而这些用工方式是以短期为导向的,不利于构建长期合作共赢的劳动关系。很多企业为了在短期内提高市场竞争力,试图通过激烈的内部竞争激发员工的创新活力,尤其是部分企业末位淘汰制的引入,使员工面临较大的工作压力。在这种用人导向驱动下所形成的用人环境中,企业对员工的培训投资非常有限,员工在组织内部的职业生涯发展也面临较大的不确定性,雇佣双方之间缺少沟通机会,沟通渠道狭窄。当企业面临较大的经营风险时,解雇和裁员经常作为企业转嫁风险的首选,雇员工作的稳定性难以得到保障。

从雇员的角度看,在大数据和移动互联时代,知识和技术的传播、转移和利用速度大大加快,企业产品的生命周期大大缩短,科技型中小企业核心人才的人力资本折旧不断加速,员工在组织内部面临的工作压力不断加大,稳定感较为缺失。为了更新自身的知识结构,员工会选择通过在不同组织之间流动提高自身的知识和技术水平。对他们而言,对于职业的忠诚度要高于对某个企业的忠诚度。尽管员工的这种行为有利于在行业内部促进自身职业生涯的发展,但也构成微观企业主体构建合作型劳动关系的重要障碍。

综合雇主和雇员行为的分析,双方类似于囚徒困境博弈模型中囚徒的角色。由于双方的利益追求存在较大差异,在心理上存在较大隔阂,相互之间缺乏有效沟通,缺乏相互合作与信任的基础。在此状态下,雇佣双方很难从长期合作的视角构建互利共赢的劳动关系。

6.3.2　雇佣双方的合作行为

对于现阶段的科技型中小企业而言，尽管引发冲突的因素难以完全避免，但雇佣双方还是应该努力寻求有利于双方合作的积极因素，以此建立和维持双方的合作行为。为此，雇佣双方的合作首先要整合各自的利益，在目标上达成共识，并确保这一目标能够使双方受益。通过前一节的分析可知，雇主选择高薪资、雇员选择高努力对雇佣双方而言是一种占优策略，但是从企业长期发展的角度看，雇佣双方收益权的充分实现是维持双方合作行为的基本保障。企业需要通过良好的制度设计，将物质资本产权和人力资本产权放到相对平等的地位，让员工和企业合理分享企业收益。考虑到企业创新尤其是技术创新是一个长期持续的过程，企业必须树立与核心人才长期合作的思想，通过建立有效的容错纠错机制，以及提供相对宽松的工作氛围，实现双方的长期深度合作。

作为以创新为使命的科技型中小企业，创新是全方位的，除了核心的技术创新之外，还包含制度创新、产品创新和工艺创新等，而创新过程对于雇佣双方合作行为的维持则具有正反两方面的效应。如产品创新有利于维持和扩大企业产品的市场份额，为保持员工就业的稳定性和增加员工收入创造了良好条件，有利于双方合作行为的维持；而对于生产领域的工艺创新，虽然可以提高企业的生产效率，但是对员工的就业安全性会造成不利影响。从前面分析可知，对于雇员而言，工作的保障性和收入水平的持续增长是参与合作的主要动因，只有当创新与员工有利害关系时，才会增强其参与创新的主动性。因此，企业合作行为应该包含工资奖励、利润分享、员工持股以及补充保险等长期和短期相结合的激励措施，以促进员工的持续创新行为。

6.3.3　雇佣双方行为的整合

总体来看，雇佣双方在博弈过程中的冲突与合作是并存的。在构建合作型劳动关系的过程中，需要对引发冲突的因素予以分析和化解，对合作的因素予以巩固和维持，通过对双方行为的整合，促进企业劳动关系治理的优化。现阶段，科技型中小企业之所以面临雇佣冲突，除了有宏观经济环境的因素外，与企业所处的发展阶段、用工模式、人力资源管理理念与策略等均有关，也与占员工重要组成部分的知识型员工的特点相联系。为此，雇佣双方都需要从长期合作的视角出发，注重对企业战略的理解与沟通，对科技型中小企业的成长规律以及如何培育企业的核心竞争力达成共识，对雇佣双方各自的关切予以充分关注，从而在人力资源管理理念与策略上进行及时变革，以促进雇佣双方的长期合作。

在此过程中，雇佣双方基于信任的合作机制构成双方合作的基础，而信任来自双方对组织目标的认同，对各自行为的理解与配合，以及各自利益的满足。对于科技型中小企业，由于企业性质、员工特点及产品特性等因素，契约的不完全性体现得较为明显。在此情形下，雇佣双方之间的相互信任就成为维持合作行为的黏合剂，否则很难抑制双方的机会主义行为。在合作机制的作用下，对雇佣双方的冲突与合作行为进行有效整合，有助于化解双方合作过程中的不协调行为，从而明确双方合作的方向，并最终达成合作目标。

6.4 本章小结

科技型中小企业劳动关系主体合作的动因源自雇佣双方可以从合作中增加各自的收益。只要存在经济学中的帕累托改进，雇佣双方就存在合作的动因。但是由于雇佣双方收益的增加并不同步，加之科技型中小企业大多战略定位不明确，收益分配机制不健全，人才队伍不稳定，雇佣双方在合作过程中行为的选择呈现出复杂化和多元化的状态。

对于处在起步和发展期的科技型中小企业，雇佣双方均面临交易的不确定性。在静态博弈下，通过囚徒困境模型对雇佣双方的行为进行分析，双方的冲突往往大于合作。从企业长远发展的角度看，雇佣双方的合作关系可以运用序贯博弈模型从动态视角进行分析，考虑到双方各自的收益以及员工流失后企业可能会产生较高的重置成本，雇佣双方的合作行为表现为企业选择高薪资、员工选择高努力，同时，企业注重让员工分享企业利润。如果考虑企业在用人过程中工资和雇佣量存在相互替代关系这一约束条件，以及科技型中小企业雇佣双方在力量对比上大致可以达到相互制衡状态这一客观事实，借助集体谈判模型进行分析得知，雇佣双方能够在可合作区间内寻找双方均可接受的决策点，实现双方利益的最大化。雇佣双方通过对冲突和合作行为的整合，可以促进企业劳动关系治理的优化。

第 7 章
科技型中小企业构建合作型劳动关系的对策建议

通过本书前面的理论分析、实证分析和探索研究,科技型中小企业合作型劳动关系的构建有了基本的框架体系。为了更好地发挥科技型中小企业在实现创新驱动发展战略中的推动作用,促进劳动关系状况的改善和优化,在更高层次上提高雇佣双方合作的效率与效果,本章根据前面的一系列研究结果,提出相应的对策建议。

7.1 政府层面的对策建议

企业合作型劳动关系的构建是实现社会和谐目标的微观基础,政府作为公共产品和公共服务的提供者,需要为合作型劳动关系的构建营造公平的外部环境。从科技型中小企业的角度出发,政府层面的对策主要包括以下几个方面。

7.1.1 制定有利于科技型中小企业健康发展的经济政策

要使雇佣双方形成合作共赢的伙伴关系,首先必须着眼于双方利益的满足与相互平衡。劳动关系本质上表现为雇佣双方的经济利益关系,唯有雇佣双方通过充分合作将利益蛋糕做大,才能为实现公平分配提供物质基础。在市场经济条件下,不论何种类型的企业,通过科学经营实现盈利都是企业最重要的目标。尽管企业需要承担社会责任,但是企业如果放弃利益原则会给整个社会造成巨大的损失,企业社会责任的承担也将成为无源之水、无本之木。从宏观层面看,企业通过构建合作型劳动关系,使雇主和雇员的利益实现满足与平衡,有利于经济发展过程中共享目标的实现,保持社会和谐稳定,这本身就是企业承担社会责任的具体表现。从微观层面看,合作型劳动关系的构建有利于促进雇佣双方相互信任,在工作中表现出更多的利他行为,从而增强企业的核心竞争力,改善企业绩效水平。

现阶段,我国大多数科技型中小企业是在国家实施创新驱动发展战略的大背景下应运而生的。作为实现我国经济结构转型升级的推动力量,政府首先应该从企业生存和发展最迫切的要求做起，帮助企业突破发展瓶颈。对于很多处于起步阶段的科技型中小企业，融资问题无疑是企业发展最大的障碍。由于科技型中小企业经营风险相对较高，且大多数内控机制不健全，征信体系建设滞后等，企业的融资环境并不乐观。为此，需要进一步利用具有政府信用性质的技术创新基金和项目，发挥其杠杆撬动价值，吸纳更多的社会资本，促进科技型中小企业的技术创新。[①] 除了从政策上引导金融机构对科技型中小企业尤其是提供实体产品的企业提供贷款优惠和便利外，对于条件成熟的企业，可以抓住当前金融改革的机遇，推动企业面向资本市场直接融资。对于经营状况良好，科技创新能力较强，但暂不具备上市条件的企业，可以由权威中介机构对其进行投资潜力评估，积极吸引创业投资、风险投资和私募基金，为企业做大做强提供资金支持。而对于处在初创期和成长期，实力相对较弱但具有较大发展潜力的企业，需进一步完善企业征信体系和担保体系，积极探索互联网融资的新途径，创新金融产品，优化企业融资环境。

除了融资政策，政府的财税政策也是引导科技型中小企业健康发展的重要经济手段。政府财政对科技型中小企业的支持包括财政补贴、贷款贴息、人才津贴等多种方式，为了充分发挥财政资金的积极效应，政府在资金投入前需要对重点支持领域进行科学评估。当前重点支持领域需要由研发设计向市场开拓、产品销售等环节延伸，帮助企业全方位寻求竞争优势。同时，在资金投入结束后，还需要对财政投入的绩效进行事后评估，对下一步投入的重点领域进行动态化调整。在税收支持政策上，需要抓住当前推行供给侧结构性改革的重要机遇，加大结构性减税力度，通过减税政策鼓励企业进行技术创新，对企业从事技术服务业务、新产品研发费用予以减税或税收抵免。当前企业在用人领域存在短期化倾向的一个重要原因在于社会保险缴费率偏高，政府相关部门可以在扩大缴费范围、提高统筹层次等措施的基础上，适当帮助企业降低社会保险缴费率，降低企业用人成本，在兼顾雇佣双方利益的基础上帮助其形成长期合作关系。

融资政策和财税政策对科技型中小企业的健康发展具有直接推动作用，而政府的产业政策对科技型中小企业的健康发展也有重要的导向作用。前些年，受国家宏观调控政策对产业引导不及时、不同地区产业规划衔接不紧密，以及出口需求减少等多重因素的影响，科技型中小企业产业趋同现象较为严重，由此导致的同质竞争使企业的生存环境恶化，以光伏、风电、光电照明等产业为代表，产能过剩问题较为突出，而这些产业恰恰是我国科技型中小企业的重要组成部分。为此，政府应当从顶层设计的战略高度，根据国家产业发展战略规划，明确不同区

---

① 汪锋，黄炜俊. 促进我国科技型中小企业成长的对策研究 [J]. 宏观经济研究，2014 (11)：20 - 29.

域产业发展的方向与侧重点，引导企业避免重复建设和同质化竞争，优化科技型中小企业的产业布局和空间布局，使不同区域之间形成合理的产业分工与协作格局，增强企业的市场竞争力和抗风险能力。

尽管以上经济政策与科技型中小企业合作型劳动关系的构建没有必然联系，但是这些经济政策是科技型中小企业健康发展的重要推动力量。劳动关系的本质是雇佣双方的经济利益关系，合作型劳动关系的构建要求尽可能实现雇佣双方利益的平衡与协调。只有通过宏观经济政策引导企业做强做优，才能使雇佣双方的利益分配拥有坚实的物质基础，物质资本产权和人力资本产权的实现才具有现实可能性，从而增强雇佣双方合作的动力。

7.1.2　充分利用大数据技术，提高劳动力市场信息化水平

科技型中小企业合作型劳动关系的构建需要雇佣双方建立高水平的信任关系，而信任关系的建立需要雇佣双方事先通过足够的有效信息去了解对方，双方只有形成稳定的预期，才能使信任关系建立的基础更为稳固。同时，信任关系的延续与维持离不开声誉效应的充分发挥。雇主和雇员的声誉作为一种社会化评价和判断手段，需要通过完善的社会化评价体系提高其可信度。当前，大数据技术正快速应用于经济和社会生活的各个领域，对大数据的发现、挖掘和处理，可以显著提升全社会的信息化建设水平。在我国劳动力市场完善的过程中，为了进一步提高雇佣双方的匹配效率，作为劳动力市场主体的企业和个人，可以充分利用大数据提供的准确信息，帮助自身在劳动力市场中作出科学决策。

为了帮助雇主和雇员就合作意向和合作行为作出更加准确的识别和判断，当前在构建合作型劳动关系的过程中，首先要进一步加强企业征信体系的建设。市场经济条件下，高效的企业征信体系和完善的征信服务可以防范信用风险，保障市场交易主体的交易安全，使具有良好信用记录的企业以较低的交易成本获得较多的交易机会，缺乏良好信用记录的企业则受到更多的惩戒。企业征信系统包含的信息涉及多个方面，如企业信贷，司法判决与执行，产品质量，税务、环保、安全、人力资源与社会保障等方面的表彰与处罚等。这些信息是金融机构为企业提供融资渠道的重要参照，也是雇员选择企业的重要参考。从构建合作型劳动关系的角度看，企业征信系统应该完善有关雇佣方面的信息并提高其在企业征信系统中所占的权重，这些信息包括企业平均工资水平、工会组建情况、劳动合同签订率、社会保险缴费率、劳动争议发生率、安全事故发生率等。以上信息可以帮助求职者在劳动力市场上对用人企业进行筛选并作出理性决策。

合作型劳动关系的运行是雇主和雇员之间的双向合作行为，为了帮助雇主更好地识别和判断人才，完善的社会化人才评价体系也是构建合作型劳动关系过程中一项必不可少的要素。当前，我国社会化人才评价体系的建设要进一步完善人才评价标准，真正建立符合不同职业特点的分类评价标准，全面体现人才的品德、知识、能力和业绩。在品德测评中，有关人才的忠诚度、敬业度、诚信度、流动率、协作意识、保密观念等应该成为评价重点，这些素质是员工合作行为的基本特征。通过创新评价手段，规范评价程序，组建专业性和市场化的人才评价中介机构，提高评价结果的准确性和权威性。在不影响个人隐私的前提下，企业可以有选择地参照社会化人才评价信息，并结合其他测评手段，在雇员入职前尽可能对其作出全面而准确的评价和判断，确保入职后雇佣双方合作关系的建立与维持。

7.1.3 完善劳动法律法规，提高法律和政策的执行力

在劳动关系运行中，政府和立法机构需要通过制定法律和规则，将劳动关系主体的行为限定在法律和规则的框架内，为劳动关系运行营造公平的外部环境。合作型劳动关系的构建需要平衡不同利益主体之间的经济利益关系，在法律和政策出台过程中应尽可能使利益主体各方的诉求得到充分表达，体现法律和政策的公正性。目前，包括《劳动法》《劳动合同法》《社会保险法》《就业促进法》《工会法》以及《公司法》等在内的若干部法律，已经形成一定的互补关系，共同对企业合作型劳动关系的形成和维持起助推作用。但是部分法律仍然存在进一步完善的空间，如针对企业内部工会存在的现实问题，在《工会法》中可增加对工会行使维权职能的法律保护，以立法形式明确要求企业工会负责人和员工代表必须通过雇员直接选举的方式产生。针对多数民营科技型中小企业员工参与层次和参与水平较低，缺乏战略参与的现实状况，《公司法》应该改变单纯追求股东利益最大化的价值取向，突出不同利益主体的共同利益，使雇员通过工会和其他形式参与公司治理和管理的目标得以充分实现。

科技型中小企业作为知识和技术密集型行业，企业核心人才的流动往往伴随技术秘密和商业信息的流失，给企业发展带来极为不利甚至致命的损害。在调研中发现，目前我国科技型中小企业竞争激烈，核心人才作为一种具有时效性的稀缺资源，其流动率较高是一个不争的事实。当前，我国有关员工流动的法律法规和政策只有一些原则性和方向性的规定，缺乏详细具体的操作性措施。因此，政府应该在分析人才流动深层次原因的基础上，制定科技型中小企业知识型员工流动的规范，让企业在遵守法律法规和政策的前提下，通过正规渠道和途径引进人才，从源头上防止和避免企业之间"恶意"互挖人才，将企业损失减少至最低水平。此外，要进一步完善有关员工流动过程中竞业限制的法规政策，准确界定

商业和技术秘密的范围，明确企业和个人的权利与义务，对损失赔偿的计算标准和保密期限的规定要详细、具体，增强其可操作性。

合作型劳动关系的构建涉及企业和不同类型员工之间关系的相互协调，目前我国部分科技型中小企业存在劳务派遣用工形式。如果劳务派遣人员的劳动权益得不到有效保护，企业会陷入相应的劳动纠纷中，对企业形象造成不良影响，不利于员工和企业之间合作行为的实施与维持。我国《劳动合同法》已对劳务派遣事项作出了具体规定，政府有关部门可以根据科技型中小企业的特点，在灵活、有序、规范的原则下，制定更为详细、具体的劳务派遣法规，明确劳务派遣单位和用人单位的责任，严格控制企业劳务派遣用工数量，科学测算劳务派遣用工占用工总量的上限。劳动监察部门可以与企业所在的科技园区相互配合，加强对派遣单位和用人单位的监督和检查，对违法违纪行为加大惩罚力度，有效规范科技型中小企业的劳务派遣用工行为。

7.1.4 树立正确的价值导向，增强政府服务意识

长期以来，在我国各级地方政府绩效考核体系中，GDP所占的权重是最高的。这样，地方政府领导人员在发展过程中往往片面追求GDP增长，导致经济增长目标与社会和谐与环境保护等目标失衡，经济发展失去协调性、平衡性和可持续性。随着"创新、协调、绿色、开放、共享"新发展理念的提出，政府绩效考核体系应该更趋向科学和完善，以推动政府树立正确的价值导向，端正政府行政行为，更好地履行公共利益维护者的职责。科技型中小企业作为实现创新驱动发展的重要引擎，在政府绩效考核体系中应该将当地科技型中小企业的发展状况作为重要的考核内容，将其劳动关系和谐度、员工满意度等反映雇佣双方合作效果的指标也纳入考核维度，将创新和共享理念真正融入经济发展的具体实践中。

在合作型劳动关系的构建中，雇佣双方信息不对称和不协调是导致合作不顺畅的重要原因。在此过程中，政府应发挥其协调职能，促进劳动关系的改善。在市场经济条件下，政府可以通过立法建立并实施企业员工工资的定期增长机制，通过企业内部的集体协商制度建立企业工资分配的决定机制，使工资水平能够兼顾雇佣双方的利益，改变由雇主单方面决定工资水平的局面。在工资集体协商过程中，需要进一步完善工资指导线制度，政府根据所掌握的宏观经济数据，建立工资信息的发布制度，为科技型中小企业工资增长提供指导和建议，使雇佣双方在协商过程中做到有据可依、有理可循，推动双方协商目标的达成。此外，各级地方政府人力资源和社会保障部门可以设立专门的劳动法律法规和政策咨询机构，在雇员劳动权益受到侵害时及时提供法律援助。

7.2 企业层面的对策建议

7.2.1 以组织文化为引领，完善企业治理结构

科技型中小企业的竞争优势源于产品和服务的独特性与创新性，员工作为推动创新的主体，只有与企业结成合作伙伴关系，才能通过深度合作实现企业持续创新的目标。为此，企业需要真正建立以人为本的组织文化，从组织战略高度出发，将员工的发展作为企业文化的核心元素，平等对待员工，着力塑造组织和个人并重的文化特征。在企业人力资源管理过程中，管理层需要转变领导风格，将"以人为本"的企业文化作为行动指导和行为约束，通过雇佣双方的合作激发员工潜能。企业文化作为企业在长期经营过程中形成的价值观念和行为规范，是雇佣双方达成的一种隐性心理契约。每个企业的文化都具有鲜明的独特性，在短期内其他企业是难以替代和模仿的，并且文化一旦形成，就具有较高的稳定性和良好的传承性，使雇佣双方的合作关系得以巩固和延续，这将有利于培育企业的核心竞争优势。

在企业文化的引领下，雇佣双方合作关系的建立首先需要从企业治理层面进行。我国多数科技型中小企业属于民营企业，组织治理结构不完善，在企业重大决策的制定过程中缺乏相互制衡的机制，尤其是职工董事和职工监事的缺位，使雇员的利益难以在组织战略层面得到保障，为雇佣双方后续的冲突埋下了隐患。为了更好地激发雇佣双方的合作意识，科技型中小企业需要进一步完善治理结构，通过民主形式吸收雇员代表参与企业治理，建立职工董事和监事制度，使员工的利益诉求有机会在企业战略决策过程中得到表达，保证最终的决策结果尽可能平衡雇佣双方的利益。同时，企业要将工会负责人列入公司董事会，及时倾听工会对企业重大战略决策的意见和建议。企业治理结构是企业管理的顶层制度设计，在以人为本理念的指引下，企业可以系统地设计以促进雇佣双方合作为目标和载体的一系列规章制度，包括长期雇佣制度、沟通制度、股权激励制度和培训制度等。在组织结构上形成以团队形式为基础、以分权为特征的扁平化组织结构，消除雇佣双方的隔阂，更好地促进雇佣双方的沟通与合作。

7.2.2 以"共享"为基本原则，完善企业收益分配制度

在劳动关系运行过程中，企业收益分配制度是影响劳动关系形态的重要因

素，收益分配不合理往往是雇佣双方产生冲突的主要诱因。为了促进雇佣双方合作关系的建立与维持，企业应该确立与此相匹配的收益分配制度。作为高风险和高收益并存的科技型中小企业，为了减小企业经营过程中可能遇到的风险对雇佣双方合作的冲击，员工收入的一部分应该保持相对稳定性，将员工所在岗位的价值，或者员工技术和能力的价值作为付酬依据，实现基本薪酬稳定性和激励性的有机统一。作为高风险环境下可能产生的高收益，企业需要突破过去单边治理结构下雇主单方面决定收益分配规则的限制，雇佣双方可以通过事先协商确定各自在企业整体收益中的分配权重或比例，增强雇佣双方合作过程中的信任关系，尤其是雇主有关待遇承诺的可信度，使员工建立稳定的预期。然后通过雇佣双方充分合作实现企业收益最大化，并在此基础上增加各自的收益。

对于收益分配的具体规则，一定要考虑科技型中小企业内部人力资本价值含量较高的这一群体的需求和特点，采取具有长期激励效果的收益分配方式。我国科技型中小企业起步较晚，受传统经济体制影响较小，尽管目前大多数科技型中小企业属于非上市公司，但是企业引入股权激励和分红激励还是具有一定可行性的。当前，科技型中小企业实行股权激励首先要明确激励对象，企业需要从人力资本附加值、历史贡献以及替代难易程度等方面综合考虑，重点对中高层次经营管理人员和技术人员实行持股，而不能简单实行全员持股；对于员工持股的方式，企业可以根据员工绩效贡献、敬业度、人力资本附加值以及出资意愿等因素，采取赠予股权、现股计划或期权计划等多种方式，对于科技人才，还可以采取技术入股方式；为了达到激励与约束并重的效果，企业需要规定员工在一定年限内不得将股权转让或捐赠。通过股权激励方式，员工可以拥有企业的部分产权，在分享企业利润的同时分担企业可能面临的风险，让员工和企业形成利益共同体。分红激励也同样适用于技术人员和中高层次经营管理人员，对于技术人员，以科技成果转化收益为标的，采取项目收益分红方式，按照企业与技术人员约定的方式、数额和时限进行分红；对于中高层次经营管理人员，以企业经营收益为标的，采取岗位分红方式实施激励。

7.2.3 注重员工培训与职业生涯发展，挖掘员工合作潜能

科技型中小企业的创新是一个连续循环的过程，企业的核心竞争优势是雇佣双方通过长期持续合作培育和形成的。培训作为更新员工知识和技能的基本手段，是科技型中小企业生存和发展的基本保障。从调研情况看，大多数科技型中小企业已经意识到培训的重要性并且建立了比较完善的培训制度，但是培训费用及培训后员工较高的流动率导致了企业高层在培训制度的执行上有所顾虑。为此，企业需要在进一步完善培训制度的基础上，建立合理的培训费用分摊制度，企业是员工培训费用的承担主体，员工个人可以酌情承担少部分培训

费用，雇佣双方可以就培训结束后的服务期限、保密义务等事项签订协议，减少企业可能面临的风险及损失。为了切实提高培训效果，企业需要对培训进行全程管理与控制，及时了解和分析企业核心产品和服务的技术前沿和市场动态，以及员工的知识和技术水平，从培训需求、培训内容和方法、培训师的选择、培训后的效果评估与考核等各个环节进行系统化管理，切实提高培训的产出效益。

培训既是提高企业创新能力的基本手段，也是激励员工的重要方式，而培训激励作用的发挥离不开企业为员工提供合适的职业发展通道。随着员工在企业工作年限的增加，知识和技能水平的提高，职业发展的需求日益强烈，企业能否满足其需求关系到雇佣双方合作潜能能否进一步挖掘和合作水平能否提高。为了激励不同类型员工相互合作，企业需要为管理、技术、生产和销售等不同类型的员工分别设置职业发展通道，并相应平衡不同职业类型和不同职业等级员工的待遇水平，以满足不同类型员工的多重需求。考虑到技术型人才在科技型中小企业的重要地位以及"项目驱动型"组织结构的广泛应用，科技型中小企业应特别重视专家型和项目型两类职业通道的设置，构建核心人才长期激励的有效机制。此外，在员工职业发展过程中，企业应该为核心员工创造相对宽松的工作氛围和较为弹性的工作时间，注重其工作和家庭生活的相互平衡，通过有效减轻工作压力促进雇佣双方更为高效地合作。

7.2.4 加强团队建设，提高团队运行效率

团队作为科技型中小企业核心业务的主要运行方式，团队效率是检验雇佣双方合作效果的重要指标。科技型中小企业团队的形成及其效率提升是一个渐进的过程，当前，众多处于创业孵化期的创客团队，便是工作团队的雏形，许多知名企业（如海尔等）也在企业内部建立众创空间和创客团队，这些团队对于处在孵化期、起步期和成长期的科技型中小企业均有较高的借鉴价值。创客团队成员往往是企业最初的合伙人或被雇佣者，企业应该以此为切入点，培育合伙人，初步建立雇佣双方的合作与信任关系。

影响团队运行效率的因素包含多个方面，其中有效的授权、团队成员之间的沟通、信息和收益的共享是三个关键要素。为了提升雇佣双方合作的效果，雇主应该对团队进行有效授权，给予团队自我管理和自我决策的权利，通过与团队成员分享大量关键信息，提高团队成员的自我管理和决策能力以及团队的最终决策质量。团队运行所需的协商沟通包括两个层次，第一个层次是企业高层与团队成员之间的沟通，主要就企业战略、团队目标、团队运行所需资源、团队授权等事项进行沟通；第二个层次是团队内部成员之间的沟通，主要就团队成员之间的分工协作、知识和技能的相互补充等问题展开沟通。为了激励团队长期高效运行，

持续创造价值，企业需要对团队创造的价值进行准确评价，根据评价结果确定团队可分配总额，在此基础上依据团队成员各自的贡献将可分配总额尽可能公平地分配给每个成员，以此激励企业与团队，保持团队成员之间长期维持合作行为，提高合作效率。

7.3 员工层面的对策建议

7.3.1 加强工会建设，充分发挥工会职能

在对合作型劳动关系的研究中，部分学者认为工会是造成集体谈判中劳资关系对立、劳资冲突层出不穷的根源，而合作型劳动关系强调雇主和雇员利益具有一致性，双方可以通过建立充分的沟通与信任关系化解不协调行为，工会的存在只会加剧劳资矛盾，因而工会没有存在的必要性。这个观点的提出与西方国家工会本身的职能有关，而西方国家工会的职能是在特定的政治和经济制度下形成并发挥作用的，与我国工会所处的运行环境存在较大差异。在中国现阶段特定的环境下组建的工会不会形成与雇主完全对抗的力量，这一特殊性是当前构建合作型劳动关系中工会特有的优势。

我国科技型中小企业规模相对较小，迄今为止，部分企业还没有建立工会组织。工会的缺位导致雇员和雇主不能在相互对等的平台上展开对话，雇佣双方合作所需的制衡关系难以形成。由于多数企业规模较小，单纯依靠一个企业建立工会组织往往因势单力薄而力不从心。对此，企业员工可以依托所在园区建立工会组织，或者根据不同产业组建行业工会组织。关于工会的组建方式，理论上以自愿方式最为合理，地方工会给予必要的协助和指导。但是考虑到我国科技型中小企业雇员分散，力量相对薄弱，而我国工会是在党政主导模式下运行的，因此，工会的组建可以运用这一优势，以行政促建手段为主，采取自上而下的方式进行组建，扩大科技型中小企业工会的覆盖面。

为了发挥工会在构建合作型劳动关系中的作用，首先要让工会的权威和地位得到树立，使工会能够真实反映雇员的意图，让员工的声音能够通过工会得到准确表达。在同管理层的互动过程以及集体谈判中，工会应该独立于企业管理，通过增强工会的独立性，提高工会在雇佣双方对话和谈判中的地位。工会负责人和员工代表可以通过参加培训等方式学习企业经营管理和人力资源管理等方面的知识和技能，提高其在参与企业治理中的战略决策能力，真正与企业管理层建立起战略合作伙伴关系，从企业战略层面上推动合作型劳动关系的建立。

7.3.2 提高雇员合作意识,增强合作的主动性

合作型劳动关系的建立是雇主和雇员双向互动的过程,除了雇主应创造条件鼓励雇员参与合作活动外,雇员也要树立合作意识,增强合作的主动性。在此过程中,员工应加深对企业战略目标的理解与认同,明确自身承担的工作职责,激发员工的工作热情与合作动力。员工应该树立法律意识,注重保护企业的技术秘密和商业秘密。科技型中小企业员工的主动自我开发是企业持续增强竞争优势的重要来源,员工应该将主动学习贯穿工作全过程,积极参与有关培训和教育活动,及时更新知识,总结和积累工作经验,不断改进工作质量,提高工作效率。在雇佣双方的合作过程中,员工要掌握沟通的技巧与方法,综合利用各种正式和非正式沟通手段,通过横向沟通和纵向沟通渠道,就工作中遇到的困难和障碍以及自身的需求,主动与上级、下级、同级以及工会等组织进行有效沟通,减少企业内部不同合作主体可能会产生的摩擦与内耗,降低合作成本,提高合作的收益水平。

7.4 本章小结

科技型中小企业合作型劳动关系的建立需要从政府、企业和员工三个层面采取相应的对策。在政府层面,应该制定有利于科技型中小企业健康发展的融资、财税和产业政策;充分利用大数据技术,提高劳动力市场信息化水平,加快企业征信体系建设,完善社会化人才评价体系;完善劳动法律法规,提高法律和政策的执行力;将创新和共享等发展理念作为价值导向,增强政府服务意识。在企业层面,要以组织文化为引领,完善企业治理结构;以"共享"为基本原则,完善企业收益分配制度;注重员工培训与职业生涯发展,挖掘员工合作潜能;通过有效授权、加强团队成员之间的沟通、信息和收益共享等措施,提高团队运行效率。在员工层面,需进一步加强工会建设,充分发挥工会职能;提高雇员合作意识,增强其在合作过程中的主动性。通过劳、资、政三方联动,推动科技型中小企业劳动关系的改善与优化。

第 8 章
研究结论与展望

本书将科技型中小企业合作型劳动关系的构建置于创新驱动的宏观战略中，通过理论分析和实证分析进行了深入研究，对雇佣双方的合作行为与合作机制进行了深入探讨，并在此基础上提出了相应的对策和建议。同时，受主客观条件的限制，本书还存在一定的局限性，需要在后续研究中进一步改进和完善。

8.1 研究结论

8.1.1 合作型劳动关系是科技型中小企业劳动关系形态的目标定位

伴随社会生产方式、劳资双方力量对比以及政治和法律的发展变化，迄今为止，劳动关系形态可以分为冲突型、对峙型、协调型和合作型四种，体现出劳资冲突由强到弱的发展趋势。本书认为，合作型劳动关系应整合雇佣双方各自的利益诉求，找出雇佣双方共同利益的汇合点，建立彼此之间的信任关系，通过让员工在组织战略层面参与企业治理，以及一系列人本化人力资源管理措施的实施，实现共同利益最大化，并确保雇佣双方分享利益所得，以维持雇佣双方合作的持久性。"共赢、共治、共享"是合作型劳动关系秉持的基本价值理念。

现阶段，科技型中小企业劳动关系有其自身的特性，包括分层化、短期化、超组织化、复杂化以及冲突的隐性化，雇佣双方充分的信任合作关系远未建立。然而，科技型中小企业的特性与构建合作型劳动关系的条件具有较强的契合性，合作型劳动关系应该成为科技型中小企业劳动关系形态的目标定位。

8.1.2 人力资本产权是科技型中小企业构建合作型劳动关系的重要基础

人力资本产权是在人力资本投资、使用和收益等过程中形成的一系列经济关系,既有一般产权的共性,又有自身的特性。建立合作型劳动关系的基本前提是将物质资本产权和人力资本产权放到相对平等的地位。科技型中小企业需要依靠创新获得生存和发展,高层次人力资本作为推动企业发展的关键性稀缺资源,在企业的地位显著上升。对人力资本价值含量进行准确评估和测量,可以为其收益权的公平实现提供依据。人力资本产权中各项权益的充分实现正是物质资本和人力资本合作的产权基础,有利于平衡企业内部雇佣双方的力量和利益关系,也为科技型中小企业构建合作型劳动关系提供了现实可行性。

8.1.3 科技型中小企业构建合作型劳动关系需从不同层面整合雇佣双方的利益

科技型中小企业要构建雇主和雇员的合作伙伴关系,必须整合雇佣双方的利益,围绕构建"互利企业"的目标,在战略层、职能层和实践层三个层次有所作为。相应地,科技型中小企业构建合作型劳动关系也必须从这三个层面明确其内容构成。具体而言,在组织战略层面,包含战略参与、员工持股与利润分享、工作保障性三个方面;在人力资源管理职能层面,包含薪酬满意度、员工培训与职业生涯发展、员工健康与安全三个方面;在工作场所实践层面,包含工作团队、协商沟通、信息共享三个方面。以上三个层面共九个方面的内容为本书研究科技型中小企业合作型劳动关系问题提供了基本框架,附件(问卷调查)中问题和指标的设计,以及本书基于问卷调查结果的定性和定量分析都是以此为基础和依据的。

8.1.4 合作机制和合作行为是构建合作型劳动关系的制度保障和基本手段

本书的实证研究结果表明,员工持股与利润分享、工作保障性、员工培训与职业生涯发展、工作团队和信息共享五个变量构成影响雇佣双方合作效果的核心要素。通过对实证研究结果的分析、归纳与总结,可以得出两条基本结论:一是完善的合作机制是构建合作型劳动关系的制度保障;二是对雇佣双方合作行为的引导是实现合作目标的基本手段。合作机制作用的发挥是影响合作的各项因素相互作用的结果,其中,员工持股与利润分享这一变量会触及企业内部的产权问题，成为对合作机制内部其他因素之间的相互作用起统领作用的关键要素。员工培训与职业生涯发展、工作团队、信息共享作为影响雇佣双方合作满意程度的主要变量，是检验雇佣双方信任关系的重要指标，雇佣双方信任机制的建立成为建立高效合作机制的重要环节。

合作型劳动关系的构建在于通过有效的合作机制化解雇佣双方的冲突，促进合作目标的实现。薪酬满意度、员工持股与利润分享是影响雇佣双方合作效果的重要经济变量。在企业收益分配的动态调整过程中把握雇佣双方的行为变化，成为科技型中小企业实现合作型劳动关系形态这一目标的关键。工作保障性是影响雇佣双方合作效果的另一个重要变量，在薪酬和雇佣量存在替代关系这一约束条件下，雇佣双方合作行为需要在可合作区间内寻求最优的行为组合。

8.1.5 科技型中小企业劳动关系主体需要建立相互信任的机制

合作型劳动关系的构建需要突破"资本雇佣劳动"和"劳动雇佣资本"这两种假说的界限，在企业经营管理过程中实现劳资合作和劳资共同治理。由于现阶段科技型中小企业构建合作型劳动关系所需的共同治理还缺乏产权基础，雇佣双方关系的确立和维护主要依靠双方达成的契约。但是受有限理性和环境不确定性的影响，劳动契约具有不完全性，对雇佣双方的合作行为会产生双重影响。从正向角度看，契约的灵活性有利于雇佣双方在合作空间内争取更大的合作自由度，提高合作层次与合作效率；从负向角度看，契约的不完全性容易造成雇佣双方的机会主义行为，引发双向道德风险，破坏双方的长期合作。为了促进雇佣双方更好地合作，企业需要在健全的规章制度基础上建立信任机制，并通过声誉效应对雇佣双方的失信行为进行惩罚，为信任关系的建立与维持提供保障。

8.1.6 科技型中小企业劳动关系主体面临合作和冲突两种不同的行为选择

科技型中小企业劳动关系主体合作的动因源自雇佣双方都可以从合作中增加收益，只要存在经济学中的帕累托改进，雇佣双方就存在合作的动因。但是由于雇佣双方收益的增加并不同步，双方在合作过程中行为的选择呈现出复杂化和多元化状态。对于处在起步和发展期的科技型中小企业，由于多数企业缺乏长远的战略眼光和目标定位，产品和服务缺乏市场竞争力，加之企业内部的分配机制不健全，雇佣双方均面临交易的不确定性，在静态博弈下，双方的冲突往往大于合作。从企业长远发展的角度看，雇佣双方的合作关系可以从动态博弈的视角进行分析。考虑到双方各自的收益以及员工流失后企业较高的重置成本，雇佣双方的合作行为表现为企业选择高薪资，员工选择高努力。考虑企业用人过程中工资和雇佣量存在相互替代关系这一约束条件，雇佣双方需要在可合作区间内寻找双方均可接受的决策点，实现双方利益的最大化。雇佣双方通过对冲突和合作行为的整合，促进企业劳动关系治理的优化。

8.1.7 科技型中小企业构建合作型劳动关系需要劳、资、政三方联动

为了促进科技型中小企业劳动关系状况的改善与优化，提高雇佣双方合作的效率与效果，需要从政府和社会、企业、工会和员工三个层面采取相应的对策。在政府层面，应该制定有利于科技型中小企业健康发展的融资、财税和产业政策；充分利用大数据技术，提高劳动力市场信息化水平，加快企业征信体系建设，完善社会化人才评价体系；完善劳动法律法规，提高法律和政策的执行力；将创新和共享等发展理念作为价值导向，增强政府服务意识。在企业层面，要以组织文化为引领，完善企业治理结构；以"共享"为基本原则，完善企业收益分配制度；注重员工培训与职业生涯发展，挖掘员工合作潜能；通过有效授权、加强团队成员之间的沟通、信息和收益共享等措施，提高团队运行效率。在工会和员工层面，需进一步加强工会建设，充分发挥工会职能；提高雇员合作意识，增强其在合作过程中的主动性。

8.2　研究局限与展望

8.2.1　研究局限

合作型劳动关系研究涉及经济学、管理学、心理学和法学等多个学科，本书侧重从经济学的研究视角，通过规范分析和实证分析，对科技型中小企业如何构建合作型劳动关系问题进行了比较系统和深入的研究，但是受劳动关系这一学科特点以及研究主客观条件的限制，本书尚存在一定的不足之处，主要包括以下几点。

第一，理论创新不足。本书从人力资本产权的视角对科技型中小企业构建合作型劳动关系的可行性进行了研究，在借鉴前人研究的基础上提出了合作型劳动关系的内容构成，从博弈视角对雇佣双方的合作行为进行了深入分析，并对雇佣双方信任机制的建立进行了理论研究。相关经典理论为本书研究提供了重要的理论铺垫，但本书在自身的理论创新方面还存在较多不足。

第二，研究样本的选择存在一定局限性。为了尽可能准确反映科技型中小企业劳动关系的现实状况，本书选择了北京市、浙江省、山西省的 38 个企业，以及这些企业内部的 547 名员工，进行了深度访谈和问卷调查，样本基本涵盖科技型中小企业包含的主要行业和员工类型。但是受客观条件所限，加之近些年科技型中小企业发展势头迅猛，一些新的行业层出不穷，样本的数量及其代表性还存在一定不足，且样本中不同行业、不同类型企业和员工的分布不均衡。这些现实因素导致本书的调查研究结果存在一定局限性，分析结论的推广可能会受到一定限制。

第三，追踪调查数据欠缺。合作型劳动关系的构建需要企业在治理结构、组织文化、管理模式等方面进行系统变革，其效果的显现是一个渐进的过程，除了雇佣双方关系得到协调、满意度增加外，企业绩效和员工收益能否得到改善也是检验合作效果的重要变量。而这些效果的衡量需要以较长时期的追踪数据为支撑，本书实证数据属于短期调查后取得的即时数据，不是长期追踪取得的实验数据，无法对合作行为实施后企业绩效和员工收益的改进状况进行实证检验，这一局限使本书提出的对策建议需要进行再次证明。

第四，制度环境缺乏深入研究。由于本书侧重从科技型中小企业微观主体的视角研究雇佣双方合作型劳动关系的构建，对合作型劳动关系运行所需的制度环境没有进行深入研究，只是在最后提出了相应的对策和建议。但是制度环境本身也是影响合作型劳动关系构建及其运行效果的重要外部约束条件。

8.2.2　研究展望

我国正处于经济结构转型和升级的关键期，各种劳动关系问题层出不穷，劳动关系矛盾进入凸显期和多发期。合作型劳动关系作为发达国家调节劳资关系的一种模式，在我国企业的实践还相对较少。如何在现有的经济和社会制度下更好地实施这一管理模式，仍需要进行大量研究，未来研究的方向主要集中在以下几个方面。

第一，注重案例研究和面板数据的采集。合作型劳动关系既是调节劳动关系的一种模式，也是企业人力资源管理的一种全新实践。在今后的研究中，需要将合作型劳动关系的理论系统应用到包括科技型中小企业在内的众多企业管理实践中，通过大量的案例探索合作型劳动关系系统发挥作用的方式和路径，从各个维度收集合作型劳动关系运行后的相关数据，经过长期追踪和采集后形成面板数据，对合作型劳动关系运行后的效果进行实证检验，并提出改进建议。

第二，注重合作型劳动关系运行机制的研究。合作型劳动关系的运行需要一系列配套机制，包括制衡机制、信任机制和共享机制等。要发挥这些机制在合作型劳动关系运行中的作用，必须对每种机制包含的要素及要素之间的相互关系进行深入研究，以便这些配套机制能够相互制约，相互促进，发挥所有机制系统运行后形成的综合效应。

第三，注重对合作型劳动关系运行所需制度环境的研究。企业劳动关系系统与社会劳动关系系统紧密相连，在今后的研究中需进一步探讨二者之间的互动关系，发挥其积极效应，让政府、企业和员工（包括工会）通过良性互动，为合作型劳动关系运行提供所需的制度环境，实现合作型劳动关系运行的理想目标。

参考文献

[1] Ackers P, Payne J. British trade unions and social partnership: Rhetoric, reality and strategy [J]. International Journal of Human Resource Management, 1998, 9 (3): 529–550.

[2] Antonioli D, Mazzanti M, Pini D. Innovation, industrial relations and employee outcomes: Evidence from Italy [J]. Journal of Economic Studies, 2011, 38 (1): 66–90.

[3] Aoki M. Toward an economic model of the Japanese firm [J]. Journal of Economic Literature, 1990, 28 (1): 1–27.

[4] Badigannavar V, Kelly J. Labor–management partnership in the non–union retail sector [J]. The International Journal of Human Resource Management, 2005, 16 (8): 1529–1544.

[5] Dankbaar B. Technical change and industrial relations: Theoretical reflections on changes in the automobile industry [J]. Economic and Industrial Democracy, 1989, 10 (1): 99–121.

[6] Bottom W P, Holloway J, Miller G J, et al. Building a pathway to cooperation: Negotiation and social exchange between principle and agent [J]. Administrative Science Quarterly, 2006, 51 (1): 29–58.

[7] Bradley K, Gelb A. Cooperative labor relations: Mondragon's response to recession [J]. British Journal of Industrial Relations, 1987, 25 (1): 77–97.

[8] Bromily and Cumming, Transaction Cost in Organizations with Trust [M]. Minneapolis: Strategic Management Research Center, University of Minesota, 1992.

[9] Buchele R, Christiansen J. Industrial relations and productivity growth: A comparative perspective [J]. International Contributions to Labor Studies, 2001 (2): 77–97.

[10] Budd J W. Employment with a human face: Balancing efficiency, equity, and voice [M]. New York: Cornell University Press, 2004.

[11] Chamberlain, Kuhn. Collective bargaining [J]. Industrial and Labor Relations Review, 1966, 19 (2): 303.

[12] Crane D P. Patterns of labor – management cooperation [J]. Employee Responsibilities and Rights Journal, 1992, 5 (4): 357 – 368.

[13] Cooke W N, Meyer D G. Structural and market predictors of corporate labor relations strategies [J]. Industrial and Labor Relations Review, 1990, 43 (2): 280 – 293.

[14] Danthine P, Kurmann A. The business cycle implications of reciprocity in labor relations [J]. Journal of Monetary Economics, 2010, 57 (7): 837 – 850.

[15] Taras D G, Bennett J T. Technological change and industrial relations [J]. Journal of Labor Research, 2002, 23 (3): 335 – 338.

[16] Dastmalchian A, Adamson R, Blyton P. Developing a measure of industrial relations climate [J]. Relations Industrielles, 1986, 41 (4): 851 – 859.

[17] Deery S J, Iverson R D. Labor – management cooperation: Antecedents and impact on organizational performance [J]. Industrial and Labor Relations Review, 2005, 58 (4): 588 – 609.

[18] Feldman, H. The quality of industrial relations and unemployment around the world [J]. Economics Letters, 2008, 99 (1): 200 – 203.

[19] Davis G. Corporate reputation and competitiveness [M]. London: Routledge Press, 2003.

[20] Geary J, Trif A. Workplace partnership and the balance of advantage: A critical case analysis [J]. British Journal of Industrial Relations, 2011, 49 (S1): 11 – 69.

[21] Guest D E, Peccei R. Partnership at work: Mutuality and the balance of advantage [J]. British Journal of Industrial Relations, 2001, 39 (2): 207 – 236.

[22] Harbison F H, Coleman J R. Goals and strategy in collective bargaining [M]. New York: Harper and Brother, 1951.

[23] Hoffman, McCabe, Vernon Smith. Behavioral foundations of reciprocity: Experimental economic and evolutionary psychology [J]. Economic Enquiry, 1998, 36 (3): 335 – 352.

[24] Johnstone S, Ackers P, Wilkinson A. The British partnership phenomenon: A ten year review [J]. Human Resource Management Journal, 2009, 19 (3): 260 – 279.

[25] Kaufman B E. Paradigms is industrial relations: Original, modern, and versions in – between [J]. British Journal of Industrial Relations, 2008, 46 (2): 314 – 339.

[26] Kelly J. Social partnership agreements in Britain: Labor cooperation and compliance [J]. Industrial Relations, 2004, 43 (1): 267 – 292.

[27] Kochan T, Osterman P. Mutual gains bargaining [M]. Boston: Harvard Business School Press, 1994.

[28] Lee J, Lee D R. Labor-management partnership at Korean firms [J]. Personnel Review, 2009, 38 (4): 432-452.

[29] McKersie R, Walton R. A retrospective on the behavioral theory of labor negotiations: The genesis of the project [J]. Journal of Organizational Behavior, 1992, 13 (3): 277-285.

[30] Meyer J P, Allen N J. A three-component conceptualization of organizational commitment [J]. Human Resource Management Review, 1991, 1 (1): 61-89.

[31] Quinlan M, Johnstone R. The implications of de-collectivist industrial relations laws and associated developments for worker health and safety in Australia, 1996—2007 [J]. Industrial Relations Journal, 2009, 40 (5): 426-443.

[32] Chaykowski R P. Re-inventing production systems and industrial relations: Technology-driven tranformation in the Canadian Metal-Mining Industry [J]. Journal of Labor Research, 2002, 23 (4): 591-612.

[33] Roche W K. Who gains from workplace partnerships? [J]. International Journal of Human Resource Management, 2009, 20 (1): 1-33.

[34] Rubinstein S A, Kochan T A. Learning from Saturn: Possibilities for corporate governance and employee relations [M]. New York: Cornell University Press, 2001.

[35] Sabel C F. Studies trust: Building new forms of cooperation in a volatile economy [J]. Human Relations. 1993, 46 (9): 1132-1170.

[36] Scanlon J N. Profit-sharing plans: Profit sharing under collective bargaining: Three case studies [J]. Industrial and Labor Relations Review, 1948, 2 (1): 58-75.

[37] Schreurs B, Guentor H, Schumacher D, et al. Pay-level satisfaction and employee outcomes: The moderating effect of employee-involvement climate [J]. Human Resource Management, 2013, 52 (3): 399-421.

[38] Srinivas S, Sattinger M. The employment-productivity relationship with employment criteria [J]. Research in Labor Economics, 2007, 26: 447-466.

[39] Sullivan H, Skelcher C. Working across boundaries: Collaboration in public services [M]. England: Palgrave, 2002.

[40] Tirole J. Incomplete contracts: Where do we stand? [J]. Econometrica, 1999, 67 (4): 741-781.

[41] Roscigno V J, Hodson R. The organizational and social foundations of worker resistance [J]. American Sociological Review, 2004, 69 (1): 14-39.

[42] Wallace J, Tiernan S, White L. Industrial relations conflict and collaboration: Adapting to a Law Fares Business Model in Aer Lingve [J]. European Management Journal, 2006, 24 (5): 338 – 347.

[43] 宝贡敏, 徐碧祥. 组织认同理论研究述评 [J]. 外国经济与管理, 2006 (1): 39 – 45.

[44] 德鲁克. 卓有成效的管理者 [M]. 许是祥, 译. 北京: 机械工业出版社, 2005: 23.

[45] 德鲁克. 管理的实践 [M]. 齐若兰, 译. 北京: 机械工业出版社, 2006: 209 – 213.

[46] 摩尔根. 劳动经济学 [M]. 杨炳章, 陈锡龄, 曹贞敏, 等, 译. 北京: 工人出版社, 1984.

[47] 曹兆文. 论体面劳动理念及其三方机制 [J]. 财经问题研究, 2016 (8): 100 – 105.

[48] 常凯. 劳动关系学 [M]. 北京: 中国劳动社会保障出版社, 2005.

[49] 常凯. 劳动关系的集体化转型与政府劳工政策的完善 [J]. 中国社会科学, 2013 (6): 91 – 108 + 206.

[50] 常玲, 赵泽洪. 高科技企业劳动关系的冲突与协调 [J]. 科技管理研究, 2010 (23): 140 – 142 + 146.

[51] 陈昆玉, 陈昆琼. 利益相关者公司治理模式评介 [J]. 北京邮电大学学报 (社会科学版), 2002 (2): 15 – 18.

[52] 陈微波. 共享经济背景下劳动关系模式的发展演变——基于人力资本特征变化的视角 [J]. 现代经济探讨, 2016 (9): 35 – 39.

[53] 陈微波. 早期制度经济学对劳动关系的理论探索及其当代启示 [J]. 现代经济探讨, 2015 (5): 21 – 25.

[54] 程延园. 当代西方劳动关系研究学派及其观点评述 [J]. 教学与研究, 2003 (3): 57 – 62.

[55] 程延园. 集体谈判制度研究 [M]. 北京: 中国人民大学出版社, 2004.

[56] 程延园. 劳动关系学 [M]. 北京: 中国劳动社会保障出版社, 2005.

[57] 崔驰. 现代市场经济条件下中国合作型劳动关系研究 [M]. 北京: 经济科学出版社, 2013.

[58] 崔艳. IT 企业劳动关系及其和谐目标模式研究 [M]. 北京: 中国劳动社会保障出版社, 2014.

[59] 李嘉图. 政治经济学及赋税原理 [M]. 周洁, 译. 北京: 华夏出版社, 2005.

[60] 范省伟, 白永秀. 劳动力产权的界定、特点及层次性分析 [J]. 当代经济研究, 2003 (8): 44.

[61] 方竹兰. 人力资本所有者拥有企业所有权是一个趋势——兼与张维迎博士商榷 [J]. 经济研究, 1997 (6): 36-40.

[62] 冯同庆. 劳动关系理论的中国应用及其不足与补救 [J]. 经济社会体制比较, 2012 (5): 14-25.

[63] 冯伟, 谢波峰, 谭荣华. 科技型企业的战略人力资源管理体系构建 [J]. 现代管理科学, 2014 (4): 93-95.

[64] 高良谋, 胡国栋. 模块化生产网络中的劳资关系嬗变: 层级分化与协同治理 [J]. 中国工业经济, 2012 (10): 96-108.

[65] 米勒. 管理困境——科层的政治经济学分析 [M]. 王勇, 赵莹, 高笑梅, 等, 译. 上海: 上海三联书店, 2002.

[66] 盖晓敏. 企业人力资本产权研究 [M]. 北京: 经济科学出版社, 2005.

[67] 管晓永, 孙伯灿. 中小企业信用理论与评价研究 [M]. 杭州: 浙江大学出版社, 2006: 47-49.

[68] 郭东杰. 公司治理与劳动关系研究 [M]. 杭州: 浙江大学出版社, 2006.

[69] 郭庆松. 企业劳动关系管理 [M]. 天津: 南开大学出版社, 2001.

[70] 郭志刚, 何飞. 劳资关系共同体模式分析 [J]. 经济体制改革, 2014 (2): 112-116.

[71] 何勤. 北京中小企业劳动关系评价研究 [D]. 北京: 首都经济贸易大学, 2011.

[72] 胡鞍钢, 任皓. 中国高技术产业如何赶超美国 [J]. 中国科学院院刊, 2016, 31 (12): 1355-1365.

[73] 德斯勒. 人力资源管理 [M]. 9版. 吴雯, 刘昕, 译. 北京: 中国人民大学出版社, 2005.

[74] 沃因, 韦坎德. 契约经济学 [M]. 李风圣, 译. 北京: 经济科学出版社, 1999.

[75] 赖德胜, 李长安. 经济新常态背景下的和谐劳动关系构建 [J]. 中国特色社会主义研究, 2016 (1): 42-46.

[76] 李宝元, 董青, 仇勇, 等. 百年中国劳动关系演化的基本路径及走势 [J]. 经济理论与经济管理, 2015 (6): 69-79.

[77] 李贵卿, 陈维政. 合作型劳动关系的理论演进及其对我国的启示 [J]. 当代财经, 2008 (6): 54-59.

[78] 李俊华. 从人力资本视角看我国劳动关系的重构 [J]. 江西社会科学, 2015, 35 (12): 188-193.

[79] 李杏果. 三方协商机制: 迈向合作型劳动关系——基于浙江省杭州市的实践 [J]. 中国劳动关系学院学报, 2013, 27 (2): 20-26.

[80] 黎煦. 中国劳动力市场变迁的产权经济分析 [M]. 杭州: 浙江大学出版

社,2006.
- [81] 刘黎明,张颂梅."利益相关者"公司治理模式探析[J].西南政法大学学报,2005(2):96-104.
- [82] 刘志刚.基于求职者视角的企业声誉评价研究[D].杭州:浙江大学,2006.
- [83] 吕景春.和谐劳动关系的"合作因素"及其实现机制——基于"合作主义"的视角[J].南京社会科学,2007(9):31-41.
- [84] 吕景春.论劳资合作博弈中利益的帕累托改进——基于"和谐劳动关系"的分析视角[J].经济学家,2009(4):16-22.
- [85] 罗宁.中国转型期劳资关系冲突与合作研究——基于合作博弈的比较制度分析[M].北京:经济科学出版社,2010.
- [86] 马克思.资本论第一卷(上)[M].北京:人民出版社,2004.
- [87] 聂磊.科技型中小企业劳动关系存在的问题及对策[J].科技进步与对策,2008(7):46-48.
- [88] 乔健.略论我国劳动关系的转型及当前特征[J].中国劳动关系学院学报,2007(2):28-35.
- [89] 青木昌彦.企业的合作博弈理论[M].9版.郑江淮,李鹏飞,谢志斌,等,译.北京:中国人民大学出版社,2005.
- [90] 宋红梅.职工参与企业治理的理论基础与现实选择[J].经济问题,2006(4):6-8+11.
- [91] 汪锋,黄炜俊.促进我国科技型中小企业成长的对策研究[J].宏观经济研究,2014(11):20-29.
- [92] 王明杰,郑一山.西方人力资本理论研究综述[J].中国行政管理,2006(8):92-95.
- [93] 王双龙,周海华.高科技企业的雇佣特征、劳资冲突及人力资源管理策略[J].管理现代化,2012(1):27-29.
- [94] 王永乐.激励与制衡:企业劳资合作系统及其效应研究[M].北京:经济科学出版社,2010.
- [95] 威茨曼.分享经济学[M].林青松,译.北京:中国经济出版社,1986.
- [96] 文魁,宋湛.走向和谐——市场型社会主义劳动关系新探[M].北京:经济科学出版社,2012.
- [97] 闻效仪.瑞典劳动关系中的合作主义[J].中国人力资源开发,2010(4):75-78.
- [98] 西蒙.管理行为[M].詹正茂,译.北京:机械工业出版社,2009:57.
- [99] 杨河清,王守志.劳动经济学[M].2版.北京:中国人民大学出版社,2010.

[100] 杨俊青. 民营企业劳资合作共赢的战略模型——以富士康为例[J]. 经济与管理研究, 2013 (6): 76-82.

[101] 姚先国, 郭东杰. 改制企业劳动关系的实证分析[J]. 管理世界, 2004 (5): 97-107.

[102] 詹婧. 企业民主参与动力研究——基于劳资双赢的经济学视角[M]. 北京: 首都经济贸易大学出版社, 2010.

[103] 张秋惠, 于桂兰. 劳资关系的产权理论演化研究[J]. 南京农业大学学报(社会科学版), 2010, 10 (2): 47-53.

[104] 张维迎. 博弈论与信息经济学[M]. 上海: 上海三联书店, 2004.

[105] 赵卫红, 张立富, 张义明. 合作型劳动关系的研究进展与启示[J]. 中国人力资源开发, 2015 (16): 92-99.

[106] 赵小仕. 劳动关系中的双向道德风险[J]. 财经科学, 2009 (4): 65-72.

[107] 周莉, 蒲勇健. 非契约式承诺的契约化——民企内部劳资双方信用机制设计的博弈分析[J]. 商业研究, 2004 (23): 112-113+173.

[108] 周少岐. 是劳动"雇佣"资本还是资本雇佣劳动——与毛蕴诗和李新家两位先生商榷[J]. 电子科技大学学报(社会科学版), 2000 (3): 105-108.

[109] 朱飞. 高科技企业雇佣关系策略研究——基于可雇佣性的雇佣关系策略模型[M]. 北京: 企业管理出版社, 2009.

[110] 朱奎. 资本雇佣劳动的经济学逻辑[J]. 当代经济研究, 2001 (6): 35-38+72.

附录 A：科技型中小企业劳动关系状况调查问卷

尊敬的女士/先生：

  您好！

  随着我国经济发展进入新常态，科技型中小企业在创新驱动战略中的作用日益凸显，稳定高效的人才队伍构成了科技型中小企业获取竞争优势的核心竞争力。为推动科技型中小企业建立互利共赢的合作型劳动关系，特开展"科技型中小企业劳动关系状况调研"。

  为保证调查结果的真实性和准确性，请您客观公正地回答问卷中的所有问题，各个选项没有对错之分。您的回答直接关系到我们最后能否得出准确的结论，希望得到您的支持与配合！

  本次调查为不记名调查，调查结果仅作为开展相关研究工作的参考，对您的回答将严格保密！

  感谢您的热情参与！

（一）调查对象基本信息

1. 您的性别是（　　）。

 A. 男　　　　　B. 女

2. 您的年龄是（　　）。

 A. 25 岁以下　　B. 25～35 岁　　C. 36～50 岁　　D. 50 岁以上

3. 您的学历是（　　）。

 A. 大专及以下　　B. 大学本科　　C. 硕士研究生及以上

4. 您在本企业的工作年限是（　　）。

 A. 3 年及以下　　B. 4～6 年　　C. 7～10 年　　D. 10 年以上

5. 您所在企业所处的行业是（　　）。

 A. 电子与信息　　　　　　B. 生物与医药

 C. 新能源与新材料　　　　D. 资源与环境

 E. 高技术服务　　　　　　F. 其他

6. 您所在企业的性质是（   ）。
A. 国有及国有控股企业　　　　　　B. 集体企业
C. 民营企业　　　　　　　　　　　D. 三资企业

7. 您所在企业员工规模是（   ）。
A. 50 人以下　　　　　　　　　　　B. 50~100 人
C. 101~200 人　　　　　　　　　　 D. 201~300 人
E. 300 人以上

8. 您所在岗位的性质是（   ）。
A. 管理　　　　　　　　　　　　　B. 研发、设计
C. 生产、制造　　　　　　　　　　D. 销售
E. 咨询、服务　　　　　　　　　　F. 其他

9. 您所在岗位的等级是（   ）。
A. 基层管理或初级技术（技能）岗位
B. 中层管理或中级技术（技能）岗位
C. 高层管理或高级技术（技能）岗位

（二）战略参与

10. 您是工会会员吗？（   ）
A. 是　　　　　　　　　　　　　　B. 否，我没有参加工会
C. 否，我们单位没有工会

11. 您所在单位工会的主要职能是什么？（   ）（可多选）
A. 组织文体活动　　　　　　　　　B. 发放职工福利
C. 代表员工与企业进行集体协商　　D. 代表员工调节劳动关系
E. 帮助员工行使民主权利　　　　　F. 其他

12. 您所在单位是否建立了职工董事和监事制度？（   ）
A. 是　　　　　　　　　　　　　　B. 否
C. 不清楚

13. 您所在企业在出台重大决策前，会充分征求员工的意见吗？（   ）
A. 不会　　　B. 偶尔会　　　C. 一般会　　　D. 经常会
E. 一定会

14. 您所在企业在进行重要决策时，职工董事和职工监事，以及工会负责人能否进行充分的参与？（   ）
A. 不参与　　　B. 偶尔参与　　　C. 一般参与　　　D. 经常参与
E. 一定参与

（三）员工持股与利润分享

15. 您所在企业是否建立了员工持股或股权激励制度？（   ）
A. 是　　　　　　　　　　　　　　B. 否

16. 如果上题回答"是",您所在企业员工持股或股权激励的形式包括哪些?(　　)(可多选)

　　A. 按照市场价格购买股票　　　　B. 低于市场价格购买股票

　　C. 赠予公司股票　　　　　　　　D. 科技入股

　　E. 期权期股计划　　　　　　　　F. 其他

17. 无论您所在企业是否建立了员工持股与股权激励制度,您目前的收入水平和企业利润增长的同步程度如何?(　　)

　　A. 不同步　　　　　　　　　　　B. 基本不同步

　　C. 勉强同步　　　　　　　　　　D. 基本同步

　　E. 完全同步

18. 您所在企业目前的激励政策所能起到的长期激励效果如何?(　　)

　　A. 很差　　　B. 较差　　　C. 一般　　　D. 较好

　　E. 很好

(四) 工作保障性

19. 您与企业(或派遣单位)是否签订了劳动合同?(　　)

　　A. 是　　　　　　　　　　　　　B. 否

20. 如果上题回答"是",您与企业(或派遣单位)签订的劳动合同属于哪种类型?(　　)

　　A. 固定期限劳动合同

　　B. 无固定期限劳动合同

　　C. 以完成一定工作任务为期限的劳动合同

21. 如果您所在企业经营过程中遇到风险,您在本企业失去工作的风险如何?(　　)

　　A. 很高　　　B. 较高　　　C. 一般　　　D. 不高

　　E. 没有风险

22. 您所在企业的技术和管理创新对您工作的稳定性影响如何?(　　)

　　A. 影响很大　　B. 影响较大　　C. 影响一般　　D. 影响较小

　　E. 没有影响

(五) 薪酬满意度

23. 无论您所在的企业经营业绩如何,您的收入是否有一部分具有一定的保障性?(　　)

　　A. 是　　　　　　　　　　　　　B. 否

24. 您所在企业目前的基本薪酬制度可以反映员工的技术与能力水平吗?(　　)

　　A. 不可以　　B. 基本不可以　　C. 一般　　　D. 基本可以

　　E. 完全可以

25. 您的浮动薪酬收入可以公平地反映您所在部门、团队和您个人的绩效状况吗？（   ）
    A. 不可以   B. 基本不可以
    C. 一般   D. 基本可以
    E. 完全可以

26. 您所在企业是否建立了工资集体协商制度？（   ）
    A. 是   B. 否

27. 在基本社会保险基础上，您所在企业是否参加了补充保险或为员工购买了商业保险？（   ）
    A. 是   B. 否

（六）员工培训与职业生涯发展

28. 您所在企业是否建立了完善的培训制度？（   ）
    A. 是   B. 否

29. 员工培训所需的经费来自哪种渠道？（   ）
    A. 员工个人   B. 企业
    C. 企业和个人分摊   D. 其他

30. 企业的培训内容可以反映不同员工在不同发展阶段的培训需求吗？（   ）
    A. 不可以   B. 基本不可以
    C. 一般   D. 基本可以
    E. 完全可以

31. 员工培训结束后，培训效果的满意度如何？（   ）
    A. 很不满意   B. 不满意
    C. 基本满意   D. 比较满意
    E. 很满意

32. 您所在的企业是否为员工在不同发展阶段提供了职业发展机会和通道？（   ）
    A. 是   B. 否

（七）员工健康与安全

33. 您每周在企业的加班时间大约为多少？（   ）
    A. 10小时及以上   B. 7~10小时（不含10小时）
    C. 3~7小时（不含7小时）   D. 3小时以下
    E. 不需要加班

34. 您所在企业是否为员工提供定期身体检查？（   ）
    A. 是   B. 否

35. 您的工作压力主要来自哪些方面？（   ）（可多选）
    A. 研发创新   B. 技术变革   C. 管理创新   D. 工作绩效

E. 其他

36. 您认为在企业的工作是否影响了您生活的其他方面，如家庭生活和休闲娱乐等？（   ）

  A. 影响很大   B. 影响较大
  C. 影响一般   D. 影响较小
  E. 没有影响

（八）工作团队

37. 您所处的工作团队具有多大程度的自我管理和决策能力？（   ）

  A. 没有   B. 基本没有
  C. 具有中等程度   D. 具有较高程度
  E. 具有完全程度

38. 您所处的团队内部成员间协调合作程度如何？（   ）

  A. 无法协调合作   B. 协调合作程度较低
  C. 协调合作程度一般   D. 协调合作程度较高
  E. 协调合作程度很高

（九）协商沟通

39. 在工作过程中，上级管理者和员工之间的沟通频率如何？（   ）

  A. 很低   B. 较低   C. 一般   D. 较高
  E. 很高

40. 在工作过程中，上级管理者和员工之间的沟通渠道主要包括哪些？（   ）

  A. 定期面谈   B. 团队会议
  C. 工作间歇时的沟通   D. 书面汇报
  E. 集体活动   F. 其他

41. 一个绩效周期结束后，上级管理者对绩效情况及绩效改进计划的反馈情况如何？（   ）

  A. 没有反馈   B. 很少反馈
  C. 有时反馈   D. 经常反馈
  E. 每次反馈

（十）信息共享

42. 您所在企业是否及时给员工提供足够的信息，供员工自我管理和自我决策参考？（   ）

  A. 没有提供信息   B. 提供很少信息
  C. 提供的信息量一般   D. 提供较多的信息
  E. 提供大量信息

43. 您所在企业为员工提供的信息对员工的帮助有多大？（   ）

A. 没有帮助　　　　B. 帮助很小　　　C. 一般　　　　　　D. 帮助较大
E. 帮助很大

（十一）总体评价

44. 综合以上情况，您对所在企业雇佣双方合作的满意度如何？（　　）
A. 很不满意　　　　B. 不满意　　　　C. 基本满意　　　　D. 比较满意
E. 很满意

45. 您对企业构建合作型劳动关系的建议：_____
_____
_____
_____
_____。

再次感谢您的支持与配合！

附录 B：科技型中小企业劳动关系状况访谈提纲

一、企业概况
1. 企业发展历史与发展现状
2. 企业规模、所处行业以及在行业中的地位
3. 企业目前的盈利状况及未来盈利趋势

二、企业的战略定位
1. 企业战略目标与市场定位
2. 企业战略目标实现的主要驱动因素
3. 企业战略目标与近期目标的对接情况

三、企业发展面临的主要困境
1. 企业发展面临的困境
2. 企业发展瓶颈的突破口
3. 企业当前面临的主要风险

四、企业员工队伍情况
1. 员工的总体规模
2. 员工的年龄、性别、文化程度等结构状况
3. 员工的技术等级与企业现状的匹配情况

五、企业员工管理政策
1. 员工的主要来源情况
2. 企业培训制度满足员工的发展情况
3. 企业绩效和薪酬制度及其员工满意情况
4. 员工在企业的职业发展机会

六、员工工作状态与工作绩效
1. 员工总体工作态度
2. 员工工作行为是否符合组织期望与要求
3. 员工工作绩效的总体水平
4. 影响员工工作态度、行为与绩效的主要因素

七、员工流动情况及风险

1. 企业员工流动率
2. 核心员工流失情况
3. 员工流失的主要原因
4. 员工流失给企业带来的风险

后　记

本书是在笔者的博士学位论文基础上修改而成的，经过前期的调研、写作与反复修改，终于交付出版了。这是我博士四年潜心研究的成果，也凝结了许多人的心血和汗水。

首先要诚挚地感谢我的导师文魁教授。从博士入学的那一刻起，文老师就嘱咐我一定要打牢经济学理论基础，勇于站在学术发展前沿，带着批判的眼光去发现、思考和解决理论及现实问题，本书的选题正是根据这一要求确定的。在博士论文撰写的每个阶段，文老师都从文章的结构、内容、观点等方面给予了悉心指导，为我指明了文章的写作方向和思路。文老师严谨的治学态度、儒雅的学者风范和勤勉务实的工作作风都值得我在今后的人生道路上持续加以学习和弘扬。

感谢首都经济贸易大学劳动经济学院的杨河清教授、冯喜良教授、吕学静教授、童玉芬教授、纪韶教授、朱俊生教授、张琪教授。在我攻读博士学位期间，他们系统地讲解了劳动经济学的若干前沿问题，为本书的写作奠定了坚实的理论基础。在博士论文答辩过程中，以上部分老师以及中国人民大学的韩小明教授、仇雨临教授、易定红教授提出了许多中肯和宝贵的修改意见。谨向以上各位老师的辛勤付出表示衷心的感谢！

在问卷调查和深度访谈环节，杭州经济技术开发区组织部的副部长施正森、宁波优买电子商务有限公司的总经理焦云峰、北京交大微联科技有限公司的赵振杰先生、山西中绿环保科技股份有限公司的武振华女士，帮忙做了大量协调和联络工作，确保了调研工作的顺利开展，在此表示诚挚的谢意！

在攻读博士学位的四年时间里，我很荣幸地与首都经济贸易大学 2013 级博士生结下了深厚的友谊。大家在学术研究上互相切磋，在日常生活中互相关照，成为我求学生涯中的美好回忆。

感谢山西财经大学公共管理学院历任领导和老师们在我学习和工作上一直给予的关心和支持，在我博士课程学习的一年半时间里，人力资源管理教研室的老师为我分担了繁重的教学任务，使我能够安心在北京学习，对此我一直心存感激。本书的出版得到山西财经大学公共管理一级学科建设经费的资助，对马培生校长、董军伟书记和苗迎春院长等领导给予的大力支持深表感谢！

感谢家人！在漫漫求学和职业生涯路上，家人永远是我坚强的后盾。小时候父母的谆谆教诲和无私付出，激励着我一直努力前行。在我读博期间，母亲操持了绝大部分繁重的家务；同为高校教师的爱人从行动上给予了我最大的鼓励和支持；岳父岳母在家庭照顾方面提供了大量协助；弟弟和妹妹对我的学习和工作始终牵挂在心。在我读博期间，女儿也开始了小学生活，父女同桌共学给我带来了无穷的快乐。

冯小俊
2019年5月于太原